VIVA'

Luciana Littizzetto

IO MI FIDO DI TE

Storia dei miei figli nati dal cuore

MONDADORI

Della stessa autrice
in edizione Mondadori

Sola come un gambo di sedano
La principessa sul pisello
Col cavolo
Rivergination
La jolanda furiosa
I dolori del giovane walter
Madama Sbatterflay
L'incredibile Urka
La bella addormentata in quel posto
Ogni cosa è fulminata

librimondadori.it

Io mi fido di te
di Luciana Littizzetto
Collezione Vivavoce

ISBN 978-88-04-73889-3

© 2021 Mondadori Libri S.p.A., Milano
I edizione settembre 2021

Io mi fido di te

A mia madre e mio padre

Fare progetti, come sapeva bene la lattaia all'angolo, dà energia ai passi e aiuta molto in salita.
ÁNGELES MASTRETTA, *Il cielo dei leoni*

Puoi avere una vita durissima e rispondere con delicatezza fiduciosa. Puoi avere una vita più agevole e chiuderti nella scontatezza. Il modo in cui rispondiamo crea frequenze e risposte dalla vita stessa. Ma non è aritmetica, è danza.
CHANDRA CANDIANI, *Questo immenso non sapere*

Lettera a un bambino rinato

Caro te. Femmina o maschio, poco importa. Te che non sei nato dalla mia pancia ma dal mio cuore. Te che hai una faccia diversa dalla mia, anche se tutti dicono che mi somigli.

Te che la vita è bastarda, perché ti ha fatto nascere in un posto e rinascere in un altro. E non hai potuto scegliere. Nessuna delle due volte.

Te che una mamma ce l'avevi ma poi n'è arrivata un'altra e adesso ne hai due ed è un gran casino.

Te che sei da maneggiare con cura come c'è scritto sulle robe fragili. Che sei fatto di spine e ogni tanto pungi e ti dispiace. Che a volte non ci stai dentro, che vuoi scappare e non sai da cosa.

Te che per paura di essere lasciato lasci, che non ti fidi mai, te che «Dimmi che mi vuoi bene ma dimmelo venti volte di seguito».

Te che «Posso venire nel letto con te?», te che «Dimmi che non mi lasci anche tu».

Te che è vero che sei un figlio o una figlia diversa. Perché i figli nati solo dal cuore sono ancora più figli degli altri. Sei un figlio al quadrato. Un figlio alla terza, alla quarta, alla quinta potenza.

Perché sei stato l'attesa, il mistero, la pazienza, la tenacia, il senso definitivo di tutto.

Se ci fosse una misura dell'amore, ti direi che il mio amore per te non sta dentro una piscina olimpionica.

Se lo misurassi in chilometri sarebbe lungo come la Salerno-Reggio Calabria, la Transiberiana e la curva dell'arcobaleno.
Se fosse un mare tutti gli oceani messi insieme e se fosse cielo una galassia intera. Un miliardo di stelle e sarebbero tutte per te.

E se non sei convinto voglio ripetertelo ancora: Sei mio figlio, sei mia figlia, in ogni istante di ogni minuto di ogni ora della mia vita. E non potrei mai e poi mai, di tutti i mai del mondo, fare a meno di te.

1

Per me potevo anche stare senza figli. Non ho mai avuto quel desiderio incontenibile di ventre gonfio, di vita in crescita dentro le viscere e di allattamenti da Madonna col bambino. La coppia funzionava, non facevamo nulla per impedire una gravidanza o per favorirla. Eravamo liberi. Io attrice lavoravo tanto, lui musicista pure, spesso stavamo in giro per l'Italia e non dormivamo neanche nello stesso letto, per cui, a meno che non venisse a farmi visita l'Arcangelo Gabriele in pareo a propormi un figlio già cotto e mangiato, le probabilità che restassi incinta erano scarse. Non avvertivo una reale mancanza. Piuttosto un sentimento vago, un'ipotesi di futuro soffocata da un presente chiassoso. Anche all'adozione non avevo mai realmente pensato, visto che non eravamo marito e moglie e la nostra era solo una lunga convivenza legalmente inutile per aprire tutte le pratiche.

La prima volta che quel lontano immaginato si fece vivo e concreto fu un giorno, direi qualcosa come diciotto anni fa, in cui chiacchierando con Maria, la mitica Defilippica, nella sua casa luminosa piena di cani e di Costanzi, mi confidò che aveva iniziato un'esperienza di affido. Era tutto supersegreto e per carità, guai a farmi scappare qualcosa se no poi sai i giornali... Ne parlava con leggerezza, nonostante la sua voce da Camilleri, snocciolava sigarette e fatiche con un'energia dolce e vitale. Una roba quasi contagiosa. Lei è così. Potenza allo stato puro. Non si stanca mai, non si ferma mai, come quelle lucertole che anche con un residuo di coda viaggiano veloci tra le foglie. A me fa sempre ridere, è capace di stanare il buono nelle cose, ci mette costanza, sarà per via del cognome, ha una fottuta paura di tante cose e te lo dice, quasi che l'operazione del dire le rendesse ai suoi occhi meno spaventevoli.

Tutto è cominciato lì. La scintilla, quella che dicono faccia partire il motore a scoppio. È pazzesco come a volte due chiacchiere davanti a una spremuta ti cambino la vita. Comunque. Tornando a casa tutto sembrava uguale a prima, ma dentro di me era già partita la danza. I miei neuroni, quei due o tre, rimbalzavano come palline in un flipper. Forse era proprio quello il mio destino. Sai cosa mi piaceva dell'affido? L'idea di apertura. Di fare spazio nella casa, nella vita e nel cuore a un altro che non era tuo. Un altro che aveva vissuto la perdita o l'abbandono. Mi pareva anche più facile rispetto a una maternità tradizionale. Ingenua. Tra i tanti difetti di cui mi fregio mi manca il senso del possesso. Non ci sono confini, perimetri, forse nella mia anima ci sono delle porte come nei saloon. Certo, a volte è rischioso. Arrivano correnti d'aria che riempiono il cuore di tachicardie.

Davide vedeva nei miei occhi il desiderio, ma non era la stessa cosa per lui. Apro una parentesi. Anche se si è in coppia, anche se ci si ama, anche se ci si conosce da tanto tempo, anche se si condivide la vita, il passo di due persone non è mai lo stesso. Il segreto sta nell'aspettarsi a vicenda. A volte vado più veloce io, a volte tu. Se sei rimasto indietro ti aspetto. Ma guai a pretendere di andare sempre in sincrono. Succede, qualche volta, ma sono magie che durano pezzi di strada giusto di qualche metro. L'importante è andare. Anche se la meta non s'intravede, anche se è solo un ANDIAMO DI QUA. «È difficile capire cos'è ma dev'essere strada…» come canta il sommo poeta. Non Dante. De Gregori.

E così è passato del tempo. Un bel po'. Si sa, i sassi gettati di slancio smuovono il fondo ma tocca aspettare che si quietino le acque per valutare la velocità delle onde superficiali. *Laissez tomber la poussière* dicono i francesi. Lasciate depositare la polvere. Poi un giorno, mentre me ne stavo spalmata sul divano a leggere Dio solo sa che articolo sull'affido, ho cominciato a piangere. Era un pianto lieve, per niente rumoroso. Quelle robe che hanno a che fare con la commozione. «Che c'è?» Niente, ho detto, leggevo la storia di un bambino. E Davide mi dice, con quei suoi modi ruvidi e grutuluti: «Per quella cosa là... se vuoi... partiamo. Io ti seguo. Non mi chiedere di fare strada perché non credo di esserne capace». Da quel momento tutto è cominciato. Il cuore si è messo in moto e siamo partiti. Senza mappa. Così le volte che ci siamo persi abbiamo chiesto aiuto.

Poi sono passati dei mesi. Si andava a Milano (sono una persona nota, volevo preservare un minimo di privato incontaminato) e si facevano lunghi colloqui con assistenti sociali e psicologhe. Normale. Non è che si può affidare un bambino a degli scentrati. Certo, noi non eravamo esattamente due persone molto regular ma grossi disturbi psichiatrici grazie al cielo non ce li hanno riscontrati. E il tempo intanto galoppava e io friggevo. Sono una donna impaziente. Non riesco a stare nel qui e ora come predicano i monaci buddisti. Io sono qui ma sono già lì, là e qua, e persino le lunghe sessioni di yoga invece di placarmi mi facevano sclerare. Immaginavo il futuro ma non riuscivo a dargli un contorno. Mi avevano solo detto che avendo io quarantun anni e Davide quarantatré, il bimbo non sarebbe stato piccolo. Almeno dai cinque anni in su, se non più grande.

Davide? Ciao. Ti devo dire una cosa. «Sono in aeroporto. Ti richiamo.» No, te la devo dire adesso, subito. «Mi devo sedere?» Sì, meglio, trovati un posto comodo. Mi hanno chiamato le assistenti sociali: hanno finalmente fatto l'abbinamento. «Dai. Mi sta salendo il batticuore.» E com'è? In battere o in levare? Sorride, il batterista... (Non lo vedo ma so che lo fa.) «Maschio o femmina?» Sono due. «In che senso?» Nel solo senso che si possa pensare: 1+1. «Gemelli?» No, fratello e sorella.
Il cellulare mi rimanda indietro solo un lungo silenzio.

....
....
....

Mi chiedo se sia caduta la linea. Pronto? Pronto? Davide? «Ci sono, son qui.» Non dici nulla? «E che devo dire? Due, son due, non uno.» In matematica è sempre stato più ferrato di me. «Devo andare, stanno imbarcando. Spero che caschi l'aereo.» *Bum*. Il mio cuore è come colpito da un asteroide. Al suo posto un cratere.

Mi accascio su una panchina. Una signora vestita da peperone di Carmagnola, in braghe rosse e top giallo, si avvicina. «Bisogno di aiuto?» Tanto. Mi sa che in futuro ne avrò tanto bisogno. «Qualsiasi cosa, si ricordi sempre: nella vita tutto si risolve, basta la salute.» Infatti. Basta la salute.

L'alligatrice, contrariamente a quanto si può immaginare, è una mamma tenera e premurosa. Quando sta per scodellare le uova, grosse e bianche come quelle di un'oca, si attiva a preparare la culla. Scava una buca nella terra e dentro ci infila un materasso fatto di foglie marce. Anche lei fa quel che può con quel che ha. Preparato il giaciglio depone dalle 30 alle 50 uova e le ricopre con un trapuntino marcescente pure lui. D'altronde l'alligatrice vive in una palude, non può certo sfoderare corredini da neonato e lenzuolini di fiandra. La schiusa avviene dopo 65 giorni. Dalle uova escono coccodrillini mignon lunghi una spanna, pimpinelli da nulla in confronto alla madre che è una sberla di 4 metri.

A questo punto lei, la matrioska, spalanca le fauci zeppe di denti acuminati e fa entrare i cuccioli in bocca, in una specie di tasca, a gruppi di 8-10 come fossero su uno scuolabus. Ultima fermata la palude. Al capolinea li sputa delicatamente in acqua. E insegna loro a nuotare. Senza salvagente. E in quel bel pantano comincia la loro avventura.

Alla fine è arrivato il giorno. Quello del primo incontro, così atteso, così immaginato. I bambini ci aspettavano in un paesino dalle parti di Pavia. Questa era stata l'assegnazione fatta dai servizi sociali. Una piccola comunità di stampo religioso di circa quindici bambini, in un minuscolo paese di campagna mai sentito nominare. Quei posti in cui finisci quando il navigatore impazzisce e ti porta in mezzo ai campi di granturco e alle rotoballe di fieno.

I nostri due pulcini non sapevano nulla di preciso, se non che sarebbero arrivati in visita due tizi, un lui e una lei. Bon. Tutto lì. Più o meno quel che sapevamo noi. Due bambini, un maschio e una femmina, nove anni lui e undici lei. Stop. Il futuro era a soli 150 chilometri. Davide radioso, io pietrificata. L'ansia che sentivo era quasi solida, pesava. Abbiamo girato anche un filmino (quattordici anni fa si chiamava così) con una minitelecamera comprata per l'occasione. Capita ogni tanto di riguardarlo e non c'è volta che non mi commuova. La colonna sonora scelta da Davide (lui aveva un commento musicale per ogni viaggio, ogni destinazione, ogni momento saliente della vita) comprendeva Dalla, Stevie Wonder, Oasis e Jovanotti. *Mi fido di te*. «*Dottore, che sintomi ha la felicità?*» Paura misto batticuore, gola che si stringe, anima che si allarga. «*Forse fa male eppure mi va.*» La giusta dose d'incoscienza che ogni scelta si porta dietro. «*La vertigine non è paura di cadere ma voglia di volare.*» E se questo salto invece ci facesse spiccare il volo? Quanti se. Quintalate di dubbi. Tonnellate di timori.

La vostra destinazione è stata raggiunta. Due educatori gentili ci accolgono nell'aia di una casa di campagna ristrutturata con cura. Ci sono dei bambini che giocano a rincorrersi. Quali saranno i nostri? Pronome possessivo. Ancora non li ho visti e sono già miei. Ci viene incontro un bimbetto grassottello, credo peruviano, con la faccia buffa e i capelli in piedi sulla testa, dritti dritti. Se è lui devo subito portarlo da un nutrizionista, penso. Così piccolo non può essere già sovrappeso. Manco so se è lui e già mi organizzo per rompergli le palle. Non è lui.

15

Peccato. Mi piaceva. Guarda lei invece che occhi che ha. Due gocce di pioggia, grigie e trasparenti. Bionda grano. Bella come un angelo. No. Non è neanche lei. Uff. Mi giro di scatto. Pestandosi come fabbri, altri due raggiungono il cortile. Sono fratelli. Sono loro. Due facce da schiaffi da baciare. Mi viene da piangere ma cerco di darmi un tono. Lui mi lancia uno sguardo distratto, è Davide quello che gli interessa. Così grosso, con quel bel sorriso aperto, e le braccia piene di tatuaggi. «Sono fatti con l'ago?» gli chiede. Che razza di domanda è? Che ne sa 'sto scricciolo rauco delle tecniche dei tatuatori? «Che lavoro fai?» «Il batterista.» «Davvero? Ma di Max Pezzali?» «No. Di Vinicio Capossela.» «Ah, non di uno famoso...»

Lei mi guarda. Anzi, mi scruta come un entomologo scruta un afide. «Io ti ho già vista da qualche parte.» Può essere, rispondo vaga. Scuote le trecce. «Se vuoi ti porto in camera nostra. Vedi? Questo è il nostro letto a castello. Mio fratello che è piccolo sta sotto, io sto sopra.» Sempre una da piani alti, lei. E se andassimo a farci una passeggiata? propongo. Mi pianta di nuovo gli occhi addosso. Stavolta sono ancora più grossi e pungenti, due aghi da lana. «Sai a chi somigli? A quella che fa la pubblicità del detersivo.» Cedo. Mi sa che sono io. «E come mai sei venuta qui?» Boh, volevo conoscervi. «Ma ci prendi tu?» Vediamo. L'uso del *vediamo*. Il procrastinare salvifico delle madri.

Jordan e Davide ci stanno aspettando. C'è un raduno di harleysti proprio oggi, che magnifica combinazione, andiamo a dare uno sguardo. Diciamo che in questo paese di poche anime e di un'unica piazza non abbiamo molte alternative. Venti passi e siamo nel pieno della movida. I centauri smarmittano e una nuvola di gasolio ci travolge. Molti mi riconoscono e mi salutano con fare famigliare, Jordan cade fortissimamente dal pero. Non riesce a spiegarsi questo fenomeno. Com'è possibile? Basito mi domanda con quel bell'accento pavese: «Ma li conosci tutti teeee? Ma come mai li conosci tutti teeee?». Vanessa lo guarda schifata e gli tira un calcio di rappresentanza. «Zitto, scemo. Forse ci prendono loro. Dopo ti spiego.»

La femmina di pinguino imperatore ha una strategia particolare di svezzamento. Depone l'uovo e poi lo lascia in custodia al maschio. Fai tu, gli dice, io vado a pescare. E comincia la sua marcia a piedi piatti per raggiungere l'oceano. Intanto lui, lo sfinito, se ne sta in piedi per 65 giorni, sferzato dal vento gelido dell'Antartide, tenendo tra le zampe l'uovo e riscaldandolo con le sue piume, senza mai muoversi e senza mangiare.

La bedda madre torna giusto in tempo per la schiusa e con un gesto un filo splatter ma gonfio d'amore rigurgita il cibo in bocca al pulcino appena nato. Poi lo sistema nella sua tasca anteriore e lo porta in giro tenendolo al riparo dal freddo e dai predatori.

Il padre credo vada finalmente a sbranarsi una coda di balena.

Anche la femmina del casuario, che è una specie di grosso uccello australiano tipo struzzo, non sta nelle piume. Deposte le uova non controlla le fregole e corre in giro a cercare altri partner con cui ciupare mentre il povero padre sta lì a covare per lunghissimi 60 giorni.

Ma stavolta la maman non torna. Una volta schiuse le uova è il papà che nutre i piccoli e li cura fino ai 9 mesi. Dopo di che si scoccia e li molla pure lui.

2

«Buongiorno signora, sono la maestra di Jordan. Avrei urgentemente bisogno di parlarle. Se viene a scuola le spiego.» Oddioeminchia, ho pensato. Tuttoinsieme. Già arriva il primo cartellino rosso dopo soli quindici giorni. Record. Vanessa non ha ancora smesso di piangere ed è in seconda media e questo già rompe in quarta elementare. Boh. Mi fiondo. «Ecco signora. Volevo dirle che Jordan vende i suoi autografi.» Prego? «Sì. Ha ritagliato le sue firme sul diario, le ha appiccicate con la colla Pritt a un foglio A4 e le vende a un euro l'una.» Prezzo calmierato, ho pensato. «A volte li scambia con le figurine di Yu-Gi-Oh!» Un genio. «Scusi?» No, dico, sono stata ingenua.

Avevo notato che il diario era tutto tagliuzzato e infatti gli avevo chiesto spiegazioni, tipo se avesse ritagliato apposta al fondo delle pagine le immagini dei gattini. E lui, Diabolik, mi aveva risposto: «Certo Lu. Ho ritagliato i micini...». Invece quel diavolo della Tasmania aveva architettato tutto il piano. La sceneggiatura di *Ocean's Eleven* era niente in confronto.

Tornando a casa, col cuore rattrappito a guscio di noce, ho telefonato a mia madre, solo lei poteva capirmi. «Ma sai cosa ha fatto Jo? Ha venduto i miei autografi.» E lei, da donna del popolo qual è, ha commentato lapidaria: «Be'. *Bel delinquent*. E vedrai che è solo l'inizio». Mia madre è così. Se tu le dici che hai mal di testa lei non ti fa un massaggio shiatsu per fartelo passare. No. Prende il badile e ti sferra un colpo secco e definitivo in capa. Grazie mamma. Per un'oncia di consolazione so che posso sempre contare su di te. Quindi con le pivissime nel sacco sono andata a fare a Jordan il primo sontuoso mazzo. Il mazzo primigenio. Da lì per mitosi ne sono germogliati altri. E tanti, ma tanti tanti, però diciamo che quella è stata la scaturigine. Il mazzo dei mazzi. Il Big Bang dei cazziatoni.

La questione è che Jordan secondo me è nato adolescente. Era un quattordicenne già a nove anni. Non so se mi spiego. Con quel senso di ribellione lì, una buona dose di furbizia mescolata a un incontenibile bisogno d'indipendenza, una precoce passione per le muchachas, il tutto corredato da una robusta sgamatura.

Per dire. Dopo il primo incontro con loro in comunità sono passati più di due mesi. Tempi tecnici, mi dicevano le assistenti sociali. E lui spazientito pare che chiedesse agli educatori: «Ma quei due là? Non vengono più? Che fine hanno fatto? Perché io allora me ne cerco altri due in piscina». Capito? Una praticità lucida e assoluta: Io devo andarmene da questa prigione. Uno vale l'altro, basta che mi tirino fuori da qui. Ti sembra un ragionamento da novenne?

L'istituto dell'affido è un'invenzione bellissima ma decisamente complicata. Mente chi dice il contrario, chi sostiene che sia più facile dell'adozione. Il fatto che non sia necessario essere sposati lo rende forse più agile nelle fasi iniziali, ma per niente semplice. D'altronde l'amore è una cosa semplice? No, no. No-issimo. Mi spiace tanto contraddire Tiziano Ferro ma non lo è per niente. La bici senza cambio è una cosa semplice, le torte nelle scatole della Cameo sono una cosa semplice, il velcro nelle scarpe è una cosa semplice. L'amore no.

L'amore è un puttanaio infinito, un guazzabuglio che ti fa battere il cuore e saltare i nervi, a volte nello stesso momento. In sincrono. E qui si tratta d'amore. Non giriamoci intorno. Una cascata d'amore, che ti sporca le mani e ti torce lo stomaco, un basso continuo che scandisce le giornate al presente senza alcuna certezza del futuro. Eh già. Questa è la vera differenza tra adozione e affido. Nel primo caso, dopo le lunghe fatiche e gli anni di attesa, quando il bambino atterra nelle tue braccia è TUO. I legami passati, perlomeno quelli burocratici, sono recisi per sempre. C'è un'appartenenza totale sancita dalla legge. Nell'affido no. Nell'affido la mamma o il padre naturali ti dicono: «Tieni, spalanca le braccia, prendi questo bambino, nutrilo, amalo, crescilo, perché noi ora non possiamo occuparcene, già stiamo facendo una fatica boia a vivere, figurati pensare anche a lui». E domani? «Domani chi lo sa. Speriamo tanto che tutto si sistemi, ma non possiamo garantire. Comunque, se alla fine della strada toccherà scegliere, è chiaro che noi, essendo i genitori biologici, saremo privilegiati. Ovvio.» Ovvio sulla carta. Ma l'ovvio, si sa, dentro al cuore ci sta stretto.

Com'era il proverbio? Che ogni scarrafone è bello a mamma sua? È esattamente così per la blatta rinoceronte, un nervoso scarafaggio lungo più o meno 8 centimetri, che vive in media 10 anni e si trova in Australia.

Innanzitutto, a differenza della blatta comune, è un insetto ovoviviparo, non depone le uova ma le conserva gelosamente in pancia, per poi partorire i piccoli una volta che le uova si sono schiuse. La sua sala parto è una tana scavata per l'occorrenza che può arrivare anche a un metro di profondità. Qui, per circa 6 mesi, la grande blatta madre si prende cura delle ninfe, i suoi pischelli, proteggendoli e nutrendoli con amore, senza abbandonarli mai se non per andare a fare la spesa: niente di che, solo foglie secche di eucalipto.

Il maschio blattone invece non fa una mazza, un grande classico. Un po' di guardia, toh, giusto il minimo sindacale. Si allontana solo per cercare altre belle blatte con cui accoppiarsi. Ma se dei maschi famelici e curiosi si avvicinano all'ingresso della tana, tira fuori tutta l'anima tamarra che è in lui. Intanto produce versi inquietanti, tipo *piuufziuuuuiiuiu*... e poi, come una vera bodyguard, spintona i maschi protervi che tampinano la blatta madre e i suoi blattini. Pare che i suoni emessi significhino più o meno: «Che minchia vuoi?».

I miei figli sono belli. Oggettivamente belli. Sarà perché non sono di produzione propria. Lei quando è arrivata a casa aveva undici anni, era piccolina, con lunghe trecce e un'aureola di riccetti imbizzarriti intorno al viso. Denti bianchissimi e anche un meraviglioso canino leggermente sporgente col quale ha subito ingaggiato una battaglia che dura ancora oggi, dopo aver prostrato decine di dentisti. Lui era un tappo di nove anni con una voce rauca di cui ho profonda nostalgia. In pochi mesi è passato da basso a baritono arrivando persino a berciare da mezzosoprano. Una faccia da *disbela*, come dicono dalle mie parti, piena di cicatrici e graffi quasi tutti Made in Vanessa. Capelli refrattari alla forza di gravità che gli son sempre cresciuti in tutte le direzioni tranne che verso il basso. Si sviluppano in altezza con una furia che non escludo sia il risultato di un'esplosione sotterranea dei suoi neuroni. Da gagno non stava mai fermo, un moto perpetuo, neanche quando dormiva, perché ahimè ha sempre dormito pochissimo. Un pomeriggio mi ha portato a un passo dalla neuro, facendomi veramente vedere i sorci multicolor, poi si è avvicinato e in un lam-

23

po di autocoscienza mi ha detto: «Lu? Mi dai una sberla così mi calmo?». Con piacere, gli ho risposto. E si è calmato.

«Ma hai detto cazzo?» Eh? Tento di fare la gnorri ma fallisco nell'intento. «Ti ho sentito pronunciare quella parola che comincia per c e finisce per azzo.» Sì, l'ho detto, ma sottovoce. «Però l'hai detto.» Mi stupisco che tu l'abbia sentito. «Guarda che davanti ai bambini non si fa. Le parolacce non si dicono.» Carlina, che però insiste a farsi chiamare Carla perché non le va di avere il nome di una razza di cane, affonda il piede sull'acceleratore. «Ma che madre sei?» Una frase spada che mi trafigge da parte a parte. Me lo chiedo ogni giorno, che madre sono. Faccio del mio meglio ma niente di che. Come si deve comportare una buona madre?

All'inizio mi aggrappavo alle altre madri come fossero zattere di salvataggio, per non essere inghiottita dalle onde.

«La merenda, dio degli dei, la merenda è un rito irrinunciabile per i bimbi. No merendine confezionate che sono arsenali di grassi saturi, munisciti di farina, burro e uova e inforna una crostata. Ecchecivuole!»

«I surgelati panati per carità. Piuttosto verdure in pastella. Ecchecivuole!»

«Si prepara la cartella sempre la sera dopo cena. Il bagno prima, invece, così si rilassano e dormono di schianto.»

«Non alzare la voce, sii autorevole ma con emissione vocale lieve.»
«Non farti vedere che piangi, i bambini non devono assolutamente percepirti fragile.»
«Cerca di non ammalarti. E se ti capita non lagnarti. Sii solida, tu sei la roccia e loro i licheni.»
«Focaccia con il Bimby: ai pupi piace un botto. Fai riposare l'impasto venti minuti, approfittane e riposati anche tu.»
«Fiabe con messaggio sociale sempre, non 'ste storie di topi malandati e regine psicodisturbate.»
E, per chiudere in gloria: «Poca tv. La televisione è una porcheria». Questa me l'hanno ripetuta più madri, incuranti del fatto che fare la televisione sia il mio mestiere.

Che dire? Ciascuna è madre a modo suo. Uniformarsi e tentare di eguagliare dei modelli diversi temo non sia una scelta salutare. Il tuo essere madre dipende da mille variabili. Dal carattere, dall'attitudine, dal mestiere che fai, dalla tua storia di figlia e di sorella, dalla tua esperienza di moglie o di compagna. Non sta agli altri giudicare. L'unica cosa che conta è il coraggio di guardarsi allo specchio e chiedersi: sto facendo tutto quello che posso? Se la risposta è sì, non c'è proprio niente da aggiungere.

Il primo vero problema è stato il cibo. Mentre Vanessa mangiava praticamente tutto tranne tonno e acciughe, che mi sembra un rifiuto più che accettabile, a Jordan non piaceva nulla. Ma quando dico nulla dico proprio nulla. Il suo piatto preferito? Pasta scolata. E non mi riferisco alla colatura di mozzarella di bufala, must di Cannavacciuolo. Scolata e basta. Senza olio, senza burro. Avesse potuto anche senza pasta. Solo una tazza di acqua bollita con rimasugli di amido di penne. Patate fritte e bistecca panata. Fine. Ah no. Camembert a morsi come se fosse una renetta. Frutta solo ciliegie per spolparle a morsichini e farle sgocciolare apposta sulla maglietta fingendo di essere un vampiro. E io che da madre delle madri volevo nutrirli con la dieta bilanciata. Ho fatto persino dei corsi di cucina con l'illusione di poterli prendere per la gola. La scena di solito era questa: Ehi, guardate. Vi ho fatto il risotto con funghi e salsiccia. «Io no», «Io no grazie». Ehi ragazzi, che ne dite di una bella zuppa di cavolo nero? «Porca miseria che tanfo.» Ok. Abbasso le aspettative. C'è la pizza fatta in casa. «Ma non potevi prenderla dalla panettiera che la fa buonissima?» Insomma. È stata una lotta infinita, ma a oggi qualche risultato l'ho ottenuto, tipo che Vanessa mangia sempre di tutto, la sua dieta ideale però è quella del camionista, gorgonzola, taleggio, pane e salame e tanto tanto ketchup, e la dieta di Jo consta principalmente di pizza alla diavola potesse anche a colazione. Ma riesce a inghiottire anche qualche tocco di melanzana, piselli e zucchine. Sushi sì, ma non pesce cotto. Non mi chiedete perché un essere umano divori con gioia pesce crudo come fosse una foca e disdegni l'orata al cartoccio. Frutta? Ancora un problema per entrambi. Vane, avendo un'anima da regina, se la mela è pelata e fatta a fettine si degna d'ingurgitarla, Jo ha smesso con le ciliegie.

Il compromesso a oggi sono cinque spicchi di mandarino. Stop.

Mamma koala e il suo florido pelo vivono in Australia appesi agli alberi, nutrendosi solo di foglie e germogli di eucalipto, pianta tossica e pesante da digerire. Per questo il koala passa anche 16-18 ore al giorno a riposo, per smaltire il bolo venefico. Quando partorisce tiene i piccoli nel marsupio fino ai 6 mesi (ne scodella uno, al massimo due alla volta perché la natura l'ha accessoriata di soli due capezzoli) e poi li porta con sé avvinghiati alla pelliccia nel tempo dello svezzamento. Che consta di cosa? Latte in polvere, Nipiol e stelline in brodo? No, merda. Inteso proprio come prodotto interno lordo. Visto che l'eucalipto è indigesto e il piccolo non possiede ancora la flora intestinale adeguata ad assimilare quel fogliume malefico, la madre gli propina pappette a base di cacca sua, molto morbida e succulenta, alternandola al latte materno. Una specie di omogeneizzato di popò che pian pianino lo abitua al suo menù futuro. Io ci vedo anche un significato escatologico, oltre che scatologico. Come se la mamma dicesse: «Figlio mio, comincia fin d'ora a mangiar merda, non sai quanta ne dovrai mandar giù nella vita, tanto vale che ti abitui da subito».

Il Centro Gioco Educativo. Santuario di tutte le madri gaudiose di sinistra. Niente beceri negozi di carabattole, magazzini di bambolacce spiumate e di trattoroni di plastica che chi li vede più i trattori. «Te lo consiglio, cara, il mio Pangolino ne va pazzo.» È Marzia che parla, la mamma della quarta C. Il suo Pangolino sarebbe suo figlio Pedro detto Pedrone, per gli amici Drone, che alla tenera età di nove anni pesa già come un bovino adulto. Passa interi pomeriggi inchiodato alla sedia del salotto, povera gioia, perché lei non fa che propinargli puzzle da diecimila pezzi... lo credo che poi trionfa l'adipe. «Sai che l'ultimo che ha finito è stato un puzzle di un bosco del Québec in autunno, con tutte le sfumature del foliage?» Ussignur, si sarà totalmente rincretinito, penso piano.

Ok. Proviamo anche questa. Lo zelo della madre neofita fa fin tenerezza.

Entriamo. Sono entrambi spaesati. Il tanto sospirato negozio di giocattoli francamente se lo immaginavano diverso. Ehi Jo, che ne dici di questo bellissimo caleidoscopio? «Ma è un tubo.» In effetti è un discreto tubo, ma se ci appoggi l'occhio guarda che roba stupefacente! Lui non si stupefa. Lui guarda dentro e non fa un plissé. «Tieni», mi dice, e me lo ricaccia malamente tra le mani mentre con l'occhio esplora gli altri scaffali. «Ma le Micro Machines dove sono?» Mi sa che qui non le vendono. «Transformers?» *Nein*. «Game Boy?» Zero assoluto. Se ci comprassimo un bel puzzle?

A me i puzzle fanno orrore, sono convinta che siano un'inutilissima perdita di tempo e a quanto pare anche loro. Meno male, ripenso piano.

Ci sono dei meravigliosi aquiloni, che ne dite bambini? Vanessa risponde con un nuovo tic. Questa volta strizza un occhio a mitraglia, non capisco se mi fa l'occhiolino o cerca di dominare la palpebra ballerina. Credo la seconda. Sarà lo stress. È mortificata, dopo aver setacciato ogni anfratto e non aver trovato traccia di Barbie, anche l'occhio si ribella. Si rassegnano all'aquilone. Siamo alla cassa. Sorrisi stitici e dotti lacrimali pronti a esplodere. Vorrei essere una tinca, sotterrarmi sotto la fanga e non muovermi più da lì. Mi sa che ho toppato anche stavolta. Oltretutto non c'è una bava di vento. L'aria è ferma, immobile, l'aquilone al momento non è raggiungibile, si prega di riprovare più tardi.

Che ne dite di un bel gelato? «Tradizionale?» mi chiede Jordan, che di robe educative ne ha già piene le tasche dei bermuda. Non gelato educativo, prometto. Ci incamminiamo con il cono che cola dai gomiti nella speranza che il glucosio nel sangue riaccenda i cuori. Il gelato è sempre una soluzione.

Ah, per la cronaca l'aquilone è stato usato una volta sola. Da Davide. Che si è divertito tantissimo. Poi l'ha arrotolato storto ingarbugliando tutti i fili. Al momento giace inerme in garage. Non Davide, l'aquilone. È lì tra il monopattino di legno e la macchinina telecomandata che ha smesso di funzionare al primo frontale col frigo.

Ma Jo? Hai perso un'altra felpa? Sarà la dodicesima nel giro di tre mesi. «Ma che ne so… me la sono

tolta e poi boh.» Poi boh cosa? Si è smaterializzata? «Ho nove anni, sono un bambino, può capitare.» Machiavellico. Certo che può capitare, ma una volta, due, non dodici volte di seguito. Non faccio che comprarti maglie. «Be', diciamo che una maglia in più possiamo permettercela.» Ma guarda che insolente...
Sgomma via e io rimango lì, con la faccia schifata. Come se avessi inghiottito una mosca. Una delle prime.

La nonna. La vedo arrivare con passo giurassico, le guance porpora e i capelli portatori di una considerevole carica magnetica. «No, ma guarda con cosa giocava a messa tuo figlio.» Siamo una famiglia cattolica praticante e la mamma ha sacrificato intere domeniche mattina ad accompagnare in chiesa i pupetti per farli crescere timorati di Dio. Al momento non hanno timore di nulla, fuorché delle cimici e delle locuste giganti. Poca roba. «Guarda!» mi dice con piglio guerriero. E mi sventola sotto il naso un bel dieci centimetri di coltellino svizzero accessoriatissimo, con tanto di cacciavite per viti a croce, lama grande, lama piccola, spelafili, sega per legno e punteruolo. Tutto il necessario per sgozzare la sorella sul sagrato della chiesa e magari sacrificarla sull'altare dopo la consueta battaglia a calci. Ah sì. I miei figli si sono sempre presi tanto a calci. Preferibilmente per strada per dare sfoggio di equilibrio e buona educazione impartita dalla genitrice. Nelle battaglie comunque la vincitrice indiscussa è sempre stata lei, campionessa assoluta di taekwondo, dai polpacci di ghisa e dalle rotule d'amianto.

Ma dove l'hai preso 'sto coltello? chiedo con buona creanza. «Una scommessa.» Incalzo: Quale dannata scommessa a nove anni? «Con Milu all'oratorio.» Milu è l'abbreviativo di Carlo Alberto Maria Barbagallo, compagno di merende discretamente feroce. «Abbiamo scommesso a messa.» A messa? Buon Dio fulminalo. Se c'è un posto che dovrebbe essere scommesse free è proprio all'ombra dell'abside. Quella storia del via i mercanti dal tempio. «Abbiamo scommesso sulla prima lettura.» Cioè? «Io ho detto che sarebbe stata dalla Lettera di San Paolo ai Filippesi e Milu dalla Prima Lettera di San Paolo ai Corinzi. Era ai Filippesi. Ho vinto io e mi sono intascato il coltellino.» Non sto scherzando. Quello che scrivo è tutto vero. Mio figlio scommetteva sulla Prima Lettera di San Paolo. Bene. E cosa te ne fai di dieci centimetri di coltello? «Metti che la sera torno tardi... lo uso come arma di difesa.» Metti cosa, che hai nove anni e la sera ti addormenti all'ultima cucchiaiata di minestra? Dammi qua. Arraffo il coltello e me lo caccio in borsa.

La domenica procede senza aggressioni degne di nota. A parte qualche sporadico calcio, ma una modica quantità. Poi arriva il mercoledì e io ho un impegno di lavoro a Roma. Eccomi in aeroporto in fila al check-in. Spavalda. Metto nella bacinellona cellulare, computer, cintura e borsetta. Passo tronfia l'arco dello scanner e *piiiiiiii...* suonano le trombe di Gerico. Com'è possibile? Non sono io che suono ma la mia borsetta, e questo lo considererei già un dato positivo. «Buongiorno, signora Littizzetto, una domanda: lei per caso ha un coltello nella borsa?» Sfoggio la risata più teatrale che ho. Quella a bocca aperta. Ah ah ah ah... Titina De Filippo. Io??? Strabuzzo così tanto gli occhi che per un pelo non mi schizzano via le lenti a contatto AquaComfort Plus. Ma sta scherzando? Secondo lei io sono una terrorista che nel tempo libero fa la comica in tv? Ma siete matti. «Signora Littizzetto, mi spiace ma devo chiederle di svuotare la borsa.» Non ci posso credere. Ma guarda questi. Ribalto lo zainetto. Eccolo lì. Il coltellino svizzero che riluce sul tappeto semovente in tutto il suo splendore. Ma porca miseria. Mi sono dimenticata, abbia pazienza. L'ho sequestrato a mio figlio, pericoloso teppista di nove anni senza porto d'armi, e poi me lo sono scordato. «Dobbiamo buttarlo» mi dicono. Butti. Butti pure. Butti anche me se vuole. Altrimenti lo faccio da sola.

Mi butto nel glutammato di una maxiporzione di maiale in agrodolce. Solo tanto tanto sodio può ripianare i miei scompensi emotivi. Amanda mi guarda ostile e il dragone infuocato che pende dal soffitto del ristorante cinese pure. «Te l'avevo detto: due insieme son troppi. Non sono mica fustini di detersivo, paghi uno prendi due.» Nanda, ti prego. «E non chiamarmi Nanda. Io sono Amanda.» No. Veramente tu sei Ferdinanda, ma ti sei convertita il nome in Amanda, e come darti torto. Dicevo, sono fratelli, cresciuti insieme. Indivisibili, puntualizzo sbranando un paio d'involtini primavera per non sbranare lei. «Sì, ma due ti *sfacelano*.» Lei è la più grande creatrice di parole che io conosca, e in questo caso centra il bersaglio. «Ne bastava uno, magari con qualche anno in meno, non 'sta coppia d'assi.» Il destino non si sceglie, bofonchio. «Ma guardati. Sei sfatta, sei invecchiata di vent'anni.» Basta con i complimenti. «E poi è come se avessi già chiuso la gelateria.» In che senso? «Dico che non puoi appendere la jolanda al chiodo e fare la madre tout court.» E mentre con movenze sensuali accavalla la gamba adornata di cavigliera tintinnante da monatto, chiosa: «Io me la sento ancora rovente». Madonna che impressione. Il ferro a vapore di una tintoria. «Tu ti devi curare.» Questo dovresti farlo anche tu. «Non dico il cervello, il viso.» Ammetto che il sottomento ha ceduto alla forza di gravità, forse perché sono dimagrita. «Hai fatto pure la dieta?» No, ho preso l'*Helicobacter pylori*. «Davvero? E dove si compra, che me lo prendo anch'io che devo buttar giù qualche chilo?» Ma allora sei proprio cretina. È un batterio dello stomaco che ti fa venire la gastrite e non digerisci più nulla. Per questo mi trovi smagrita. «Ah, peccato» mi dice sgranocchiando la cinquantesima nuvola di drago grossa come un cirrocumulo. «Devi solo ritagliarti un po' di spazio per te. Perché non li mandi agli scout?» Che idea luminosa. «Così hai il sabato pomeriggio libero e pure qualche weekend. Giusto per tirare un po' il fiato.»

Fisso l'orizzonte, che nel caso specifico è lo scaffale delle grappe di rosa, e rifletto: mia cugina ci ha passato l'infanzia e l'adolescenza agli scout, e in quel mondo fatato ha pure trovato marito. Io no. Io sempre a casa. Niente scout che «a dormire in tenda poi ti viene la febbre e perdi la scuola». *Io sono coccinella, vivo sempre nel gran bosco… seguo dritta la mia pista e contento è il mio cuor… Il canto degli uccelli accompagna il mio cammino e lassù sulla montagna la genziana troverò…* Me l'aveva insegnato lei l'inno della coleottera.

Quindi il mondo scout mi era sembrato davvero un'ottima pensata. Mi era sembrato: trapassato prossimo. Infatti l'esperienza scoutica è durata meno di tre mesi. Giusto il tempo di munirci di zaino da 50 litri, gavetta, borraccia, camicia d'ordinanza, fazzolettone, bermuda di fustagno, cappellino da lupetto e zucchetto da coccinella. Ogni sabato li depositavo ciascuno nella sua squadriglia e loro mi guardavano scomparire come se li avessi abbandonati tra le mani di un plotone d'esecuzione. L'esperienza del gruppo e della comunità l'avevano già vissuta in lungo e in largo, ora volevano starsene a casa. In famiglia. E passare il tempo con una madre e un padre tutti per loro. Basta bordello e canti al chiaror del mattin. Basta dividere lo spazio con altri. Ora volevano l'esclusiva. Fine anche degli scout.

Dicono che il quokka sia l'animale più felice del mondo. È un piccolo marsupiale peloso dalle dimensioni di un chihuahua, un grosso topo dal muso puntuto, con miniorecchie, svariati denti e un sorriso perennemente stampato sulla faccia. Non fa alcun verso, saltella per spostarsi, nel tempo libero nuota ma la sua dimora naturale sono gli alberi possibilmente riparati.

Le madri quokka non si dannano troppo l'anima a riprodursi, fanno un cucciolo alla volta e se lo tengono nel marsupio fino ai 6 mesi. Sono loro che si occupano interamente del pargolo. I padri se ne fottono, ingravidano e poi spariscono come nelle migliori tradizioni.

La madre perfetta, quindi? Be', no. Ha una particolarità non da poco, la mamma quokka: quando si sente minacciata, quando vede profilarsi il pericolo, leva il figlio dal marsupio, lo lancia per aria e lo scaraventa a terra pronta a darlo in pasto al primo predatore pur di salvarsi. «Il bastardo famelico se ci brinca ci pappa entrambe, amore della mamma. A questo punto scelgo me. Perché io valgo.» Uno strano modo d'intendere la maternità... È l'istinto che comanda e dice: se mai il predatore ti mangia, mammina cara, anche il tuo pargolo avrà vita breve. Non sopravviverà alle insidie naturali. Quindi? Quindi scegli te. Hai capito l'animale più felice del mondo che razza di merda è?

3

Strano. Vanessa non fa altro che grattarsi compulsivamente la testa. Va be'. Magari è un tic. Un altro? Non ce la posso fare. Ne ha una collezione stimabile ormai. Quanti saranno? Almeno sei o sette. A rotazione. Alcuni in contemporanea, altri primi in hit parade e poi retrocessi al fondo della classifica. Il primo in assoluto, notato proprio il giorno dell'arrivo a casa, è stato la narice del coniglio. Spiego. Avete presente i nasi dei conigli? Che si muovono come piccoli mantici? Su e giù, di lato di qua e di lato di là. Ecco. Lei aveva 'sto movimento di naso qui, tipo toro di Pamplona quando sta per imbizzarrirsi. Ma continuo. Apri chiudi, chiudi apri. Un nasino da principessa che faceva le flessioni, così, da mattina a sera. Pensavo che dallo sforzo prima o poi le sarebbe spuntata una canappia da Chiellini, ma grazie a Dio non è successo.

Altro tic durato un bel po' di mesi è stato lo sgranamento degli occhi. Occhi da sbaraquack. Bulbo dello stupore e dello spavento insieme. Come se vedesse continuamente robe fuori dall'ordinario, che so, un asino che vola, un dinosauro in coda alla Coop, un prete che balla la lap dance, Pillon mano nella mano con Malgioglio. Robe così.

Quando, nei momenti di maggiore tensione, abbinava narice del coniglio e occhi da sbaraquack, sembrava veramente un cartone animato.

Poi c'è stata la tosse. Ma non quella da tisica vera o da catarrosa devota al Fluimucil. No. Quella da mosca in gola. Scrat. E scrat. E poi scrat. Certe notti fissando il soffitto almanaccavo: Dio del cielo fa che la smetta che se no mi alzo e la pesto. Mentre Jordan è sempre stato un cultore della minchiata tout court, ancora oggi se non ne ingaggia almeno quattro o cinque contemporaneamente non si sente vivo, lei ha passato gli anni a devastarsi da sola. Femmina al cento per cento.

Vogliamo aprire la parentesi mai chiusa delle allergie? Ditemi. Ditemi una cosa qualsiasi e sappiate che a questa cosa Vanessa è allergica. Se mangia i gamberetti si riempie di bolle da vaiolo, se mette orecchini che non siano di platino tempestati di diamanti le vanno in cancrena le orecchie, se osa introdurre dosi minime di cioccolata si gratta la mano destra finché non si staccano le falangi. Già. Vanessa si può dire che abbia ormai una mano sola. L'altra è inservibile, una zampa d'iguana tappezzata di cerotti. A volte poi dal nulla le spunta una bolla. Così. D'emblée. Tipo carta scoppiettina che poi va via quando decide lei. Lei la bolla, dico.

L'anno scorso, prima serata di vacanza al mare a Nizza. Pizzeria «Le beau soleil». La sventurata ordina un'insalata niçoise. Niente di che. Dove mai poteva annidarsi il pericolo? Io, credetemi, voglio sempre essere positiva ma è il destino che si accanisce.

La meschina introduce due bocconi di quel pastrocchio di uovo, tonno e olive e comincia ad arrossire. E io, che mi ostino a pensare che sia una persona normale, non una creatura marziana a cui succedono cose misteriose e inspiegabili, entusiasta la conforto: Cacchio, ti sei già abbronzata. «Ma che abbronzata, guarda!» E mi mostra il décolleté maculato tipo manto delle salamandre... Magari hai preso troppo sole e ti sei un po' ustionata. «No, Lu, ho caldo, un caldo improvviso.» Sdrammatizzo: Sarai in menopausa. Quando la butto in caciara i miei figli si irritano, mentre gli altri ridono i miei si immusoniscono. E lei infatti m'incenerisce con un potentissimo fulmine oculare. *Zot!* Ma fa caldo, Vane, è agosto, ci sono trenta gradi, non farti pare.

Passano venti secondi e la faccia di Vanessa si trasforma in un caco maturo. Il naso? Un pomodoro pachino. Le labbra? Due lumache senza guscio. Porca vacca. Chiamo il maître. *Pardon, monsieur, qu'avez-vous mis dans la salade?* «*Rien, madame. Seulement de la vinaigrette.*» Sarà 'sta minchia di vinaigrette, allora. 'Sti francesi sempre lì a innaffiare tutto di condimenti schifulenti e cremolade merdose. Intanto Vanessa è diventata un mappamondo. *Monsieur... pouvez-vous téléphoner* alla guardia medica? Come si dirà mai in francese? «*Service médical d'urgence... bien sûr.*» *Bien sûr* una mazza. C'è voluta un'ora perché 'sto Balanzone francese arrivasse al nostro capezzale. Vanessa nel mentre aveva assunto le sembianze di una palla di vetro di Murano incandescente. Io ho perso vent'anni di vita. Giuro. Tant'è che quando il Dr. House è arrivato non sapeva se quella da curare fossi io o mia figlia.

Com'è finita? Alla moda classica. Con una media di cortisone. Si sa, con quella passa sempre la paura. In tutto questo bordello Jordan non ha smesso un attimo di ascoltare Marilyn Manson sull'iPod e Davide ha ordinato il secondo, terzo e quarto dessert. Per alleviare la tensione, diceva.

Incrocio Jordan nel corridoio: «Sai qual è l'anagramma di Roma?». Amor. «Brava, e quello di dog?» God, lo anticipo. «E ora concentrati e dimmi l'anagramma di madre.» Ci penso un attimo, ma stavolta mi anticipa lui: «Merda». E ride, lo scemo.

«Buongiorno signora. Sono la professoressa di scienze.» «Buongiorno signora, sono il prof di mate.» «Salve. La disturbo? Sono il preside.» Frequenza delle chiamate dalla scuola? Altissima. Frequenza delle mie emicranie? Pure. «Buongiorno. Sono la rappresentante di classe. Lo sa che suo figlio ha dei video porno sul cellulare? Mi scusi se mi permetto, ma dovrebbe controllarlo un po' di più. Sa che Filiberto stanotte non ha chiuso occhio?» Chi? Il principe? «No, mio figlio.» Ah, mi rincresce. E come mai? Non ha digerito la peperonata? «No, guardi, non faccia la spiritosa. Non riusciva a dormire perché se chiudeva gli occhi vedeva una cosa nera e pelosa che voleva morderlo.» E sarà mica colpa di Jordan? «Be', certo.

Io a mio figlio certe cose non le faccio vedere.» Ah, perché io? Secondo lei? Gli faccio l'abbonamento a YouPorn? La sera ci mettiamo lì sul divano e invece di vedere *Il Trono di Spade* gli propino la filmografia completa di Rocco Siffredi? E poi mi permetta lei questa volta. In prima media magari Filiberto la conoscenza con la roba nera e pelosa prima o poi doveva farla, non crede? Jordan l'ha solo traghettato nel meraviglioso mondo della patata. Patataland. Succede tra maschi, lo sa?
Che fitta di fastidio. Dio come le ho odiate queste mamme perfette, genitrici naturali di figli perfetti. Pitonesse dagli occhi a mirtillo sempre pronte a farti sentire inadeguata e inutile come il mignolo per le arpiste. Seconda madre degenere che era meglio quell'altra. A spampanarti il cuore, a te che ti danni l'anima nel tentativo di trasformare quel mucchio di detriti in un bambino tranquillo e felice. Provaci tu, madre gaudiosa, a stare sempre in bilico con un'altra madre, ferita pure lei, infragilita dalla vita, incapace di dare ma bisognosa anche lei di ricevere. Provaci tu a ricucire gli strappi con i fratelli naturali che chissà che fine hanno fatto. Provaci tu, vergine delle vergini, a inventarti madre a quarant'anni di due bambini di nove e undici anni senza un minimo di tirocinio... Sede della sapienza? Fai una cosa. Smetti di giudicare e prepara la merenda. La marmellata bio al sambuco selvatico va bene. Ma se hai la Nutella meglio.

Le rane sanno il fatto loro in tema di maternità. Il top è la rana *Oophaga histrionica*, che vive nelle foreste pluviali della Colombia. Da quelle parti la vera minaccia non sono tanto i predatori quanto le frequentissime piogge torrenziali che travolgono le uova appena deposte. E allora che fa la ranocchia? Scova delle piscine naturali, che in genere si formano al centro delle foglie di alcune varietà di bromeliacee, e rilascia in queste le sue uova. I girini nuoteranno pacifici e protetti e la madre tornerà periodicamente per deporre altre uova non fecondate, che sono il cibo preferito dai pargoletti durante lo sviluppo. (*Oophaga*, d'altronde, significa proprio questo: «che si ciba di uova».)

E il padre che fa? Come un vero agente immobiliare aiuta nelle fasi iniziali la rana madre a trovare le foglie migliori, nei quartieri migliori, con ampi spazi luminosi e vivibili, vista panoramica e riscaldamento autonomo. Poi resta di guardia nei paraggi per proteggere i piccoli.

Invece la rana di Darwin, che vive prevalentemente in Cile e in Argentina, fa a meno delle piscine naturali. Ha un'altra geniale strategia per consentire alle sue uova di schiudersi prima di finire in bocca a qualche predatore: le ingoia. Ma non lei. Lui. Il parto funziona così: la femmina deposita le uova nel sottobosco e, non appena gli embrioni iniziano a muoversi, i maschi li ingoiano e li posizionano nella propria sacca vocale. In questo modo le future ranocchie vengono allontanate da un ambiente potenzialmente pericoloso, tenute al caldo e nutrite dal padre tramite le secrezioni della sua sacca vocale.

Le piccole rane restano ancora un po' a cincischiare nella bocca del capofamiglia. Ma quando i loro corpicini sono interamente formati, il padre che fa? Li sputa, li scaracchia fuori con foga. D'altronde io lo capisco, non ne potrà più di avere da settimane la bocca piena di rane. Quindi a suon di *Puach! Puach! Puach! Puach!* le minuscole e tenere ranocchie sono scaraventate nel mondo.

«Signora. Scusi se l'ho convocata d'urgenza, ma sa che cosa ha fatto suo figlio nell'ora di geografia?» Friggo. Sudo. Gesù mio, ti prego: fa che la cazzata non sia extralarge, mi basta una roba piccola, una minchiatina media. Meglio ancora XS. Questa settimana gli ho già ritirato il cellulare, la play, blindato la televisione. Non è che posso metterlo a pane e acqua. «Si è tagliato la frangia e si è appiccicato i capelli sotto le ascelle per far vedere che aveva i peli.» In effetti ho notato che aveva un misterioso scalino sulla fronte, ma mi ha detto che era una vertigine e che ce l'aveva da sempre: «Possibile che tu non te ne sia mai accorta?». Inzigami il senso di colpa e ci vado a nozze, insinuami il dubbio del difetto e ci sguazzo come fosse il mio elemento naturale. Ma povero tesoro. Avevi una girandola sbirgola di capelli in fronte e io non ci avevo mai fatto caso. Topo. Topo mio che non ti ho guardato abbastanza. Domani ti porto dallo psicologo. Che ti succede amore, tesoro? Come mai ti sei falciato la frangia? Ti senti inadeguato perché sei ancora un tappo senza peli mentre i tuoi compagni hanno già la barba da Albus Silente? È una forma di masochismo tricologico la tua? È un lontano retaggio del cordone ombelicale, uno sbavo di complesso di Edipo che ti urla in zucca? Oppure... non sarà che sei solo pirla? Tra l'altro con una pettinatura decisamente orripilante?

Vado a farmi un caffè. Quando bevo il caffè improvvisamente mi sento più furba. So che è una considerazione cretina, infatti devo aver bevuto pochi caffè in vita mia. È che mi sembra che sotto la spinta della caffeina i pensieri si rimettano in ordine e che si rischiari quella buriana che martella le mie giornate. Perché poi ci sono giorni come questo. Dove un urto violento ti ribalta all'indietro e ti ritrovi al punto di partenza. Dove ti senti inadatta e banale come canta Gazzè. Dove ti sembra che il dolore antico dei tuoi figli sia lì a gridarti che tanto non ce la farai, inutile illudersi. La mela non cade mai troppo lontano dall'albero, dice il proverbio, e un brivido mi percorre la schiena. Sono questi i momenti più duri, quando il cuore si scartavetra, si corrode a forza di ruminare lacrime, e ti convinci che non hai capito una mazza, un tubo di niente e di niente. Che sei una cretina ciclopica, una gigantesca stordita, una patetica minchiona che vive con una cataratta d'amore che le fodera le pupille. E non vede, non vede più chiaro perché c'è il bene che confonde i contorni e i perimetri e rende presbite, miope, ipermetrope e astigmatica tutto insieme. E altro caffè allora. Che forse rischiara. Se non furba almeno furbina, non una Lupa de Lupis campionessa d'infinocchiamenti.

Una delle cose che più ho patito in questi anni è stato lo sguardo compassionevole della gente. Dagli amici ai parenti, ai professori, ai presidi. Quel sottotitolo che scorreva dentro i loro sguardi liquidi: tanto non ce la farai mai, rassegnati. Persino gli assistenti sociali, che nel disagio hanno imparato a sguazzarci, mi guardavano così. Come quella storica direttrice dell'Asl che dopo il primo incontro e i primi colloqui con i miei due Mila e Shiro, scuotendo la sua messa in piega laccatissima e inamovibile, mi disse: «Certo che si è presa un bel *badò*». Che tradotto dal piemontese significa: «Certo che si è accollata una bella rogna». E poi ha aggiunto: «Ma chi gliel'ha fatto fare?». Ecco. Bella domanda. Adoro ricevere questi incoraggiamenti peraltro non richiesti. Ora sono in ballo, mi tocca ballare, al limite, toh, mi levo le scarpe, così sto più comoda. Mica posso lasciarli lì sulla pista da soli. Certo, nell'affido c'è anche questa eventualità. La restituzione. Prodotto fallato, rimborso entro trenta giorni. Vuoto a rendere. Restituisco l'articolo, grazie ma non fa per me, mi sembrava tanto ma si vede che mi sono sbagliata. Sono una da bagaglio a mano, non ho voglia d'imbarcare. Niente *badò*. Ma tu pensa che razza di fucilata sarebbe per loro. Non solo abbandonati una volta, pure la seconda, quando il destino sembrava aver deciso di regalargli uno scampolo di futuro buono. Allora ripeto il mio mantra prediletto: «Tutte le cose sono difficili prima di diventare facili». Thomas Fuller. Dio ti benedica.

Meno male che ci sono le amiche madri con cui confrontarsi. Ciao Gisella, come va? «Guarda, sono stanchissima. Ho fatto un weekend di Tai Chi alle Cinque Terre che mi ha veramente ribaltata. Per fortuna il mio maestro Mahatma Ciciu mi ha aperto tutti i chakra e ora viaggio ai 3000 all'ora.» Beata te, io i chakra li ho tutti incrostati, credo che sia calcare. E tuo figlio? «Chi? Riccardo?» La fisso perplessa. Che io sappia ne vanta solo uno. A meno che aprendosi i chakra non si sia ricordata che ne aveva fatto un altro tempo fa. Eh, Riccardo, dico. «Ah ah. Che simpatica.» (Quando faccio ricorso all'ovvio la gente ride, non l'ho mai capito.) «Richy s'iscrive a ingegneria meganucleare.» Be', bravone. «Ma prima fa un master di economia aziendale a Melbourne, poi prende l'Advanced d'inglese a Cambridge, anche se ha già il First, il Pet, lo Sgnec e parla il francese come Marcel Proust e mastica anche un po' di turco perché nei ritagli di tempo è andato a fare il cameriere in un chiosco di kebab per tirar su due soldini. E tu?» Chi, io? «Certo. Sto parlando con te. Poi dici a me e tiri fuori la storia dell'ovvio.» Io vado ad accendere un cero alla Madonna della Consolata se il mio riesce a prendere la maturità. E soprattutto se smette di farsi le canne. «Ah, va be', ce le siamo fatte tutti.» No, puntualizzo, io no. Io ho provato una volta e sono collassata su un divano sporco di una casa sporca. Ed era tanto tempo fa. «Ric non fuma neanche le sigarette. Non ho mai dovuto dirgli nulla perché l'ha deciso da solo.» Pensa. Io faccio campagne antifumo dalla mattina alla sera e non serve a un tubo. Continua a brasarsi il cervello come ne avesse da vendere.

Non sono mai stata Spinoza e le grandi speculazioni intellettuali non sono il mio forte, ma una cosa l'ho capita: non esistono ragazzi perfetti. Come non esistono uomini perfetti, donne perfette, bambini perfetti, anziani perfetti. Nemmeno papi perfetti, guarda cosa arrivo a dire. Persino a Papa Frank, che per me è proprio una santità vera e assoluta, è capitato di perdere la pazienza e di sberlonare una cinese. La perfezione è solo un'idea astratta alla quale ci aggrappiamo per convincerci che esista un modello a cui fare riferimento. Oppure una costruzione mentale dei genitori che conoscono (come tutti, peraltro) solo pezzetti dei loro figli, quelli che rilucono, e li vedono in piano americano o in primissimo piano, mai a figura intera.

Esistono ragazzi più o meno tranquilli, più o meno studiosi, più o meno responsabili. E nel più o meno ci stanno tutte le sfumature dei pantoni. E quindi quando le madri elogiano sconsideratamente i loro figli per le doti mirabolanti e per i comportamenti irreprensibili mentono. E se non mentono, tralasciano. Omettono. Fanno una cernita selezionando solo il bello e nascondendo accuratamente il brutto sotto l'angolo scollato della moquette. Oppure non sanno, ignorano, hanno deciso di chiudere gli occhi e non vedere, che può anche essere una strategia salvifica. Mi è capitato a una riunione di classe. La madre di una compagna di mia figlia si alza e dice: «Mi spiace per gli altri ragazzi ma Martina è bravissima e non ha mai avuto neanche un briciolo di problema in filosofia. Purtroppo non posso condividere la vostra pena». Vostra pena nel senso che a parte Rubbia, cioè sua figlia, il resto della classe remava in un Acheronte limaccioso. Ma come ti viene in mente di pronunciare una frase così? Io l'ho guardata come si guarda una merda di cane pestata da un cane di merda. La perfezione, capito? Una figlia che è un diamante purissimo da 500 carati. E il tuo? Zero carati. Ma meglio così.

Vanessa grandi cazzate non le ha mai fatte. Si autocensura, non ha il gusto della trasgressione. Lei ama le regole. Fin troppo. Di qui il giusto, di là lo sbagliato. Là il bianco, qui il nero. Come alle elementari che si piegava il foglio a metà e in cima alla pagina si scriveva: AMO – ODIO. Lei è così. O ti amo o ti detesto. E purtroppo basta un niente perché passi dall'amore più sconfinato all'odio più assoluto. E credo dipenda da quella ferita iniziale difficilmente curabile: la mancanza di fiducia. Tutti i rapporti tra le persone, se ci pensi bene, tutti derivano da lì. Dalla fiducia. Io mi fido di te e so che non mi freghi. Che quello che farai, che faremo, sarà sincero, autentico, perché ci vogliamo bene, se poi la vita ci allontanerà dipenderà da altro, non certo dal fatto che tu abbia tentato di fregarmi. Io che sono stata una bambina molto amata, da genitori vecchio stile e poco coccolanti ma assolutamente presenti, faccio sempre molta fatica a sintonizzarmi su questo canale. Pure io ho preso delle tranvate nella vita, certo, ma non hanno mai scalfito di un millimetro la mia incrollabile fiducia negli altri. Ogni tanto qualcuno mi dice che alla mia età dovrei cominciare a farmi furba, ma se farmi furba significa non fidarmi più di nessuno preferisco rimanere scema. Ma per loro, per Jo e Vanessa, è diverso. Non è solo essere stati abbandonati, che pure quello è un buco nero da cui è difficile risalire, è ben altro. Qualcosa di ancora più pernicioso. Io non ti lascio definitivamente. Naaa... Ti faccio credere e soprattutto sperare che la comunità per te sarà un passaggio perché io tornerò a riprenderti e sarà tutto come prima. Anzi, meglio di prima. Ci attende un futuro radioso, bambina mia, devi solo aspettarmi qui e avere fiducia. E poi ciao. Niente accade. Nulla cambia. E gli anni di comunità si fanno due, tre, quattro, cinque, sei... e nessuno torna a prenderti. Perché la vita è bastarda. E allora? Come puoi fidarti? Come puoi credere a chi ti dice «Non ti preoccupare che io non ti abbandono»? Anzi. Sai che fai tu bambino? Tiri la corda proprio per quello, per sperimentare se la tua nuova madre e il tuo nuovo padre dopo un po' non si rompano le palle e ti lascino pure loro.

Una frase che Jordan ha ripetuto fino allo spasimo è proprio questa: «Vuoi mandarmi via? Mandami via! Dai! Rimandami in comunità!». E lì è difficile. Complicatissimo. Perché è l'affronto. Perché ogni tanto sì, ti verrebbe voglia di dire bon. Vai. Mi hai veramente stremato. Sai che c'è? Mi hai rotto tantissimo il cazzo. Ma poi succede quello che succede a tutte le madri, che siano naturali o no: che ci si mette di mezzo l'amore a dare sostanza alle cose. Ed è lì che devi disporti in modalità mago, provare a scacciare quei maledetti draghi, trasformare l'amore in forza e tenere stretta la corda, più forte che puoi, e alle volte ti sanguinano le mani. E ti sembra di non farcela. Di crollare a terra. Nel tempo, una cosa ho imparato: la strategia non è lasciare la presa ma allentare la corda. Tenerla sì ma non tesa, mollare un po', perché tanto la battaglia rischia di fare solo vinti e nessun vincitore.

Nell'affido, e questa è un'altra differenza rispetto all'adozione, i bambini sono più grandicelli. Dei topoloni che si son fatti lunghi anni di comunità, parcheggiati lì nell'attesa di una risoluzione del loro contratto di vita, delle anime affaticate e tormentate. Se i servizi sociali ti chiedono di occuparti di un neonato, tendenzialmente è per un periodo non più lungo di un anno. Poi il piccolo va in adozione. Invece per la schiera di bimbi più grandi le dinamiche sono meno definite. Alcuni tornano nella famiglia naturale, altri rimangono fino alla maggiore età nella famiglia affidataria. In certi casi i genitori biologici perdono la patria potestà, in altri mantengono un legame con la famiglia affidataria per tutto il percorso di crescita. Insomma, un gran casino. Un bordello deluxe. Ecco. Se dovessi dire, una dote che tocca avere per essere genitori affidatari è l'elasticità, la capacità di adattamento, la flessibilità, la resilienza. Hai presente il navigatore quando sbagli strada che ti dice: *Ricalcolo percorso*? Nell'affido è uguale. Ogni tanto devi ricalcolare il percorso, perché improvvisamente c'è una frana che ingombra il cammino. E poi dev'essere forte la tenuta di strada. Anche quella è fondamentale. Bisogna andare piano piano, senza pestare sull'acceleratore. Il terreno è maledettamente sdrucciolevole e se freni di colpo sei fottuto.

L'affido famigliare prevede anche gli incontri con i genitori naturali che raramente sono due, di solito hai a che fare con uno solo, quello rimasto, traballante per qualche motivo pure lui. Per garantire un certo controllo e una sorta di protezione nei confronti del bambino, i colloqui avvengono in un luogo che viene chiamato neutro, dicitura piuttosto infelice. Il neutro come garanzia di giustizia mette un po' i brividi. Come spazio d'amore ancora peggio. Un posto asettico, impersonale, una sorta di limbo per anime sospese che non possono vedere la luce ma almeno sono tolte dalle fiamme.
I luoghi neutri che hanno frequentato i miei figli più che neutri erano tristi. Spogli. Con qualche sedia sfasciata, un tavolo, i muri scrostati e un'aria generale di tempo immobile. Quello che Pennac chiama «il tempo più che presente». Un presente più denso e appiccicoso che sembra passare più lentamente.
Nel luogo neutro dev'essere sempre presente uno psicologo o un operatore che vigili che l'incontro non sfoci nel conflitto, non subisca troppi scossoni o, ancor peggio, non turbi in qualche modo i bimbi.
In luoghi neutri diversi (tutti brutti senza ritegno) i miei bambini hanno incontrato la loro madre naturale. Una signora carina, piccina come me, un paio d'anni più grande di me, riccia, ben pettinata e ben vestita. A vederci vicine, tipo foto segnaletiche del-

le stazioni di polizia, sono certa che la maggioranza additerebbe me come quella seguita dai servizi sociali, di certo non lei. Io l'ho vista un paio di volte e le ho parlato una volta sola, quando mi ha raccomandato di obbligare Jordan a mangiare la frutta. Certo, le ho assicurato, stia tranquilla, signora, ci penso io. Ricordo però quanto i bambini aspettassero quel momento, soprattutto Vanessa. Lei adorava sua madre, sua mamma era la donna migliore del mondo, il suo era un attaccamento viscerale, come se avesse ancora – e nonostante tutto – un pezzetto di cordone ombelicale che la legava a lei. Persino quando si è riempita di pidocchi e ho tentato di convincerla a tagliarsi la lunga chioma mi ha urlato: «Mia mamma non vuole, guai a te». Così pazientemente io e la nonna le abbiamo estirpato le bestiole dalla testa una a una. Jordan era più piccolo, quindi apparentemente più rilassato. Apparentemente. Quante volte in autostrada, al ritorno da Milano, toccava fermarsi perché piangevano a turno, prima una e poi l'altro. E via di Autogrill, di panini Fattoria e di Magnum, che quello consola anche i bambini più disperati. Jordan mi diceva che sentiva delle voci nella testa e io tremavo. Poi ho scoperto che quelle voci erano i suoi pensieri.
    E cosa ti dicono 'ste voci? «Mi dicono di dire le parolacce!» E dille, povera creatura, figurati, con me caschi in piedi. E a chi le vuoi dire le parolacce? «A una persona.» Maschio o femmina? «Femmina.» E giù lacrime. Ascolta, dille. Fregatene. Quando le hai finite tutte scarta il gelato e non pensarci più.

    Ma come sempre in mezzo alla tragedia si annida la commedia. In uno di questi incontri la mamma ha raccontato di aver visto un Ufo. Non era proprio certa ma quasi. Non proprio sicurissima ma sicurina. Un robo luminoso e fosforescente che le ha svolazzato una notte sulla testa. E i bambini sono rimasti incantati. Hanno bevuto il racconto a bocca aperta. Così, tornati a Torino, tutte le sere salivano in terrazzo con la pretesa di vedere un Ufo pure loro. E passi una sera, passi due, passi tre, alla quarta mi sono leggermente rotta i maroni, e siccome era inverno, la temperatura una manciata di gradi sotto lo zero e loro vagolavano tra i glicini gelati in pigiama rischiando la polmonite, sono sbottata. Adesso basta. Gli Ufo non esistono. La mamma si sarà sbagliata, avrà scambiato una cornacchia per un disco volante. Ora a letto.

Poi ho aspettato che la notte si facesse più notte, che sulla casa calasse il silenzio e la quiete, mi sono infilata sotto le coperte con l'iPad e ho cominciato a digitare forsennatamente su Google: *Avvistamento Ufo*. Sono uscite centinaia di migliaia di pagine. Porca vacca. Sembra che la gente non faccia altro nella vita che avvistare Ufo. Bon. Ho toppato anche questa volta, mi sono detta. Fanculo. Fanculo anche agli Ufo.

Poi c'è stata una seconda fase. Quella degli incontri nel luogo neutro dove però la mamma non si presentava. Loro si preparavano per giorni (ci si vedeva ogni tre settimane), si vestivano bene, si ripetevano i discorsi, si scrivevano le parole da dire per non dimenticarsele, li portavamo a Milano, li lasciavamo in custodia all'operatore nel luogo neutro e niente. La mamma non arrivava. Arriverà, dai che adesso arriva, dieci minuti è qui, sarà in ritardo. E poi niente.

Avrà avuto un contrattempo. Magari non sta bene, forse le è venuto un attacco di acetone o c'è lo sciopero dei mezzi. Tutto mi sono inventata per giustificare quei colpi al cuore. Non ho mai avuto sentimenti malevoli nei confronti della loro madre biologica, anzi in qualche modo le sono grata di averli messi al mondo. La vita sa essere crudele quando vuole, sferrare schiaffi uno dopo l'altro senza nessuna pietà, ma quegli appuntamenti mancati sono davvero l'unica cosa che non le perdono. Poi ci volevano settimane per ristabilire un minimo equilibrio nell'anima di quei due topini dal cuore calpestato. Motivo delle sue defezioni? Non amava incontrarli in presenza dell'operatore. O sola o niente. Alla fine ha preferito il niente, ed è stata una scelta estrema ma sua.

4

E poi ci sono i malanni. Normale amministrazione per chi ha figli. Ma per chi come me si è dovuta trasformare in madre di colpo, senza nemmeno un corso di avvicinamento alla pratica, tipo un eCampus per madri all'improvviso, non è certo una passeggiata di salute. Appunto. Me l'aveva detto, l'assistente sociale: «Vanessa dovrà togliere il ferro». Quale ferro? Di quale stramaledetto ferro stiamo parlando? «Le spiego, signora, stia calma.» Sono calma. Dica. «Vanessa quando ancora era in comunità si è buttata dallo scivolo con i pattini a rotelle.» Ecco. Molto bene. «Era una prova di coraggio, non poteva esimersi.» Quindi l'impavida si è ribaltata spezzandosi il braccio in svariati punti. Una craquelure di omero. «E così ha subito un'operazione. Fra qualche mese dovrà rimuovere placca e viti perché se no il braccio non cresce.» Per carità. Anche braccino corto no, povera bambina. Attrezziamoci e partiamo. E comincia la via crucis. Certo, perché dovete sapere che i genitori affidatari non hanno la patria potestà, il che significa che non possono prendere decisioni autonome che esulano dall'ordinario, soprattutto sulla salute dei bambini. Devono far sempre riferimento ai servizi sociali. Nel nostro caso un ufficio di Milano aperto dal lunedì al venerdì. Chiuso dal venerdì al lunedì. Guai a farsi male nel weekend. Che i bambini non provino a spatasciarsi di sabato sera, si devono sderenare con calma in settimana.

Quindi per un'operazione del genere toccava far riferimento al giudice. Perfetto. E chi sarà il giudice questa volta? Quella brava e competente che mi piaceva tanto se n'è andata da qualche mese, mi sa che devo chiamare questo nuovo. Mai sentito. Va be'. Speriamo. Buongiorno, giudice. Sono la mamma affidataria di Vanessa. Ho sentito l'ortopedico che mi ha consigliato di togliere la placca al braccio quanto prima. Mi dà il permesso per l'intervento? (Mentre scrivo rido da sola perché a volte mi è sembrato di stare dentro una pièce di Ionesco.) Risposta: «Lei, signora, ha anche il fratello, vero?». «Sì» (che c'entra, penso… che cacchio di domanda mi fa?). «Opera anche lui?» Prego? «No, dico, opera anche lui?» No, perché non sono siamesi. «Ah, ok, va bene. Quindi il permesso solo per lei.» Esatto, rispondo con un filo di voce. Metto giù. Dio del cielo dove sei? Guardami. Mi vedi? Abbi pietà di me. Certo, volendo soddisfare le richieste del giudice, potrei levare le tonsille a Jordan, ma pare che non le abbia più. Peccato.

Per la cronaca Vane è stata operata. Durante l'intervento l'ortopedico ha valutato che per levare la placca incarognita nell'osso toccava di nuovo rompere il braccio, per cui l'ha ricucita e bon. Direi obiettivo non raggiunto. Per fortuna con pochissimo spargimento di sangue, ma moltissimo spargimento di bile.

Per Jo invece un grande classico sono state le febbri. Ma non quelle facili, rialzo della temperatura da bambino normale, un bel 38,2 che con un po' di Tachipirina passa la paura. Naaaa... Febbri da guinness dei primati. Jordan fondeva i termometri. Temperature fisse a 39 con picchi notturni (sempre il buio perfetto per la proliferazione dell'ansia) a 40, 40,2, 40,3... tipo asta di Bolaffi. E giù boccali di Tachi, medie di Oki, siluri di Uniplus che neanche a Cape Canaveral. Il tutto corredato da sontuose dosi di panico. Perché Jordan quando ha la febbre straparla. Intrattiene lunghe conversazioni coi muri, mostra l'albume della pupilla, vede i santi. Ha come delle visioni. Ha visto nell'ordine: Anna Frank che parlava con Liam Gallagher degli Oasis, la prof di scienze in gita con Bernadette Soubirous, la suora del catechismo che tentava di abbracciarlo coperta di scrofole. Ed è stato pure lisergicamente protagonista di una notte piena di puntini, il suo momento pointillisme. Giacimenti e giacimenti di paranoia, i miei, in grado di esaurirsi in una sola notte. Ma purtroppo sono fonti rinnovabili.

La febbre per le madri è la concretizzazione dello smarrimento. Per quasi tutte le madri. Esiste, a dire il vero, una sparuta compagine di mamme sicure e spavalde che non temono manco l'ebola, anzi pensano che sia semplicemente un tipo di morbillo più virulento. Son quelle che ti dicono: «No, guarda che la febbre è una cosa buona, vuol dire che il corpo sta reagendo all'attacco del virus». Certo. Tua sorella. Tua sorella sta reagendo. La febbre così alta può anche essere meningite, mi risulta, me lo sottoscrivi tu che non lo è? Giuramelo, madre del buon consiglio. «Ah, e mi raccomando niente Aspirina che non è adatta ai bambini.» Bentelan? «Non ci provare. Cortisone no, metti che sia allergico. È allergico?» E che ne so? È qui da tre mesi. «Dammi retta: riempi la vasca da bagno di acqua tiepida e mettilo a mollo.» Chi? «Il bambino, no?!» Ma se è rovente! È brasato, grigliato, caldo come una pietra ollare. «Appunto. A mollo.» Certo. Lo metto in salamoia, così gli cala la febbre perché libera vapore e io ne approfitto per fare i fumenti e curarmi la sinusite. «Allora vai con gli impacchi di acqua e aceto.» Lo carpiono? Ok. Lo faccio in saor. Alla scapece. Niente. La febbre non scende. Gli metto il ghiaccio in testa? «No, il ghiaccio non va bene.» Pazienza, io provo lo stesso. Ho visto tonnellate di film dove tutti, e quando dico tutti dico tutti, anche per curare il contagio della peste usavano il ghiaccio. Peccato non avere manco un cubetto striminzito avanzato dalla serata Spritz. Ho solo una confezione di filetti di platessa. Gliela metto sulla fronte. Un mattone gelato e rigidissimo. Madonna che puzza di pesce, non è più una camera da letto questa, è un carruggio di Genova. Aspetta. Ho anche un pacco famiglia di Pisellini Primavera. L'Assemblea dei santi e degli arcangeli benedica la Findus con i suoi sacchetti morbidi, che in testa sono perfetti. (Consiglio a tutte le madri di tenere sempre in freezer un sacchetto confezione famiglia di piselli surgelati per le emergenze. Anche novelli van benissimo.) «Coi calzini bagnati hai provato?» No, quella mi manca. «Apri il rubinetto, fai scorrere l'acqua che sia fredda gelida, cacciaci sotto i calzini, poi infilaglieli in fretta.» Ma è gennaio e lui ha i brividi. «Non importa.» Torquemada mi fa una pippa. Provo anche col waterboarding? Hai visto mai... Domani gli do l'antibiotico. «No. Perché se è un batterio va bene, ma se è un virus non serve a nulla.» Quindi? «Continui con la Tachipirina» mi consiglia il pediatra. Certo. Forse tra qualche mese, se son costante, passerà.

A dispetto di quanto si possa pensare anche i serpenti hanno un'anima, o se non proprio un'anima qualcosa che le somiglia. Specifichiamo. Alla maggior parte dei serpenti frega pochissimo della propria prole, son pur sempre serpi, tant'è che molte specie non aspettano nemmeno la schiusa delle uova.
Tranne il pitone delle rocce africano.
La pitonessa madre africana, dopo aver deposto le uova in un luogo riparato, di solito una tana sfitta usata in passato da un altro animale, non solo le cova per i 3 mesi necessari, ma continua il trattamento per altri 15 giorni dopo la schiusa.
Gli studiosi hanno scoperto un altro suo comportamento assai intrigante.
Hanno notato che spesso la madre abbandonava la tana durante il giorno e vi ritornava la notte per

acciambellarsi attorno ai suoi piccoli, con il pattern del mantello decisamente più scuro. Questa la spiegazione meravigliosa: le serpentone, per tenere al caldo la loro nidiata ancora incapace di regolare la propria temperatura corporea, passavano la giornata al sole (fino a 40 gradi). Si comportavano come pannelli solari, immagazzinando calore che regalavano poi alla cucciolata al calar del sole.

I serpenti sono animali a sangue freddo, il che significa che non hanno una temperatura costante ma che oscilla al mutare delle condizioni atmosferiche. Quindi, una madre pitone che si brasa al sole per poi fare da termosifone ai suoi piccoli rischia seriamente la morte. Capito, il dolce cuore caldo di mamma rettile?

La mia vicina di casa Marisa mi ha confessato una gelida mattina di dicembre, davanti a una tazza di caffè americano grossa come un bidè, che temeva che suo figlio Cesare fosse indemoniato. Giuro. Riscontrava evidenti tracce di Satana in lui.

Ma tipo sbava, sputa, gira gli occhi all'indietro? chiedevo ansiosa addentando il croissant dalla coda. «No, ma mi guarda con tono di sfida e la voce gli scende di due ottave.» Be', questo non vuol dire, magari ha una forma di laringite mattutina. «No, gracida... *Atgghghhffhfar...*» Sttt... Marisa, ti prego abbassa la voce che il barista ci sta guardando e pensa che tu ti stia strangolando con la pasta di meliga. Ma parla anche in un'altra lingua? «Magari! Con tut-

ti i soldi che spendo alla Cambridge School dicesse due parole in inglese! Parla italianissimo purtroppo, spara parolacce a nastro e sbaglia come al solito tutti i congiuntivi.»
Marisa, distrutta, si avvicina, e occhi negli occhi mi sussurra sfranta: «E poi si è riempito di peli». Un licantropo? «Più o meno. Credimi, fa impressione, è tappezzato di peluria nera, anche gli alluci pelosi, una roba schifosa.» Poso la tazza. Marisa? Quanti anni ha Cesare? «Tredici e mezzo.» I conti tornano alla perfezione. Stai serena, amica. Niente esorcismi, tutto nella norma. I maschi nell'età dello sviluppo fan così. Hanno sbalzi d'umore, ringhiano, sbraitano, e la voce fin quando non si stabilizza si fa gracchio di corvo. «Ma dici?» Dico.
Si avvicina ancora, e praticamente a un millimetro dal mio naso chiosa: «E poi puzza come un lemure. La sua cameretta sa di giungla». Ci sta. Le ascelle del maschio adolescente sono pestifere, ostaggio dei suoi ormoni. Sanno di cumino e cipolla, come i ristoranti indiani. «E i piedi, che te lo dico a fare... Anche quando sposti le sue scarpe da ginnastica, e con un gesto estremo le metti sul balcone, permane in salotto la loro demoniaca presenza per ore.» Sorridi, Marisa. Poi passa.
Jordan, oltre a tutto il corredo di mostruosità, si lamentava che gli era cresciuto il pisello. «Lu, mi devi comperare degli slip nuovi perché non mi sta più dentro.» Cosa? «Il coso.» Jordan, cortesemente. Sei diventato John Holmes, per caso? Sparisci, va... Poi una mattina l'ho incrociato davanti al bagno. In mutande. Non ci potevo credere. Così? Da un giorno all'altro? *Bum.* Ma la mattina si sa che ha l'oro in

bocca e anche da qualche altra parte. Ok ok ok. Mi fiondo da Intimissimi: Buongiorno, vorrei per favore cinque paia di slip per mio figlio. «Certo. Quanti anni ha?» Dodici. «Ok, bambino.» No no. Adulto. Mi dia taglia M e non mi faccia altre domande, la prego.

Partiamo da qui. Lo struzzo è il più grande uccello vivente. Peccato che non voli. Le sue ali piccine e striminzite non riescono a sollevare 150 chili di peso distribuiti in circa 2 metri e mezzo di altezza. Che smacco.

Lo struzzo selvatico vive nelle zone steppose dell'Africa orientale e allo scoccare dei 3 anni raggiunge la maturità sessuale. Verso la primavera comincia la stagione degli amori. Come distinguere uno struzzo con le fregole? Molto semplice. Lo struzzo si fa truzzo. Le piume si anneriscono, la pelle delle cosce diventa color melagrana e lui assume atteggiamenti strani, con gli zamponi a due dita accenna piccole danze tribali, scuote collo e testolino, spalanca e richiude il becco, gonfia il petto riempiendo d'aria i polmoni e dall'ugola gli escono versi gutturali, tipo gorgoglii e *glu glu* belli rochi. In più combatte con gli altri maschi per accaparrarsi lo *ius primae noctis* della femmina. (Tra l'altro, il maschio dominante si accoppia con tutte le femmine del suo gruppo.)

La femmina, dal canto suo, quando vede che al maschio parte la brocca e non si dà pace, accetta le avance e acconsente al giro di danza. Il segnale del suo «sì, ci sto» è molto preciso. Abbassa la testa fino a terra e fa vibrare le ali. E qui viene il bello. Lo struzzo appartiene a quel 3 per cento di pennuti che possiede un pene. La sua erezione però non è vascolare come quella dei mammiferi, ma linfatica, e questo significa che la durata è risibile. Brevissima come breve è il rapporto. Siamo sui 30-40 secondi. Una miseria. Ma. Perché per fortuna c'è un ma. L'organo maschile dello struzzo è di dimensioni quasi ciclopiche, un bazooka, che in pieno fulgore raggiunge circa i 40 centimetri. Vero che dura poco, ma è un flash pazzeschissimo.

Dopo l'accoppiamento la femmina depone un uovo ogni due giorni. Ogni uovo di struzza pesa circa 1,5 chili, più o meno come 20 uova di gallina. Il nido è una buca rotonda scavata nel terreno con unghie e becco dal maschio, e viene utilizzata da tutte le femmine ingravidate. Di giorno la struzza le cova e di notte, o quando il sole rischia di cuocerle, le protegge coprendole con uno strato di sabbia. Dopo 6-7 settimane le uova si schiudono e gli struzzini una volta in piedi cominciano a correre. Dopo soli 14 giorni diventano indipendenti.

Il mio sogno? Settantadue ore di quiete. Non chiedo tanto. Tre giorni. Quelli che ci sono voluti a Gesù per risorgere. Svegliarsi la mattina senza inquietudini e coricarsi la sera senza pena. Velocità di marcia regolare. Invece mi sento come fossi costantemente dentro a una centrifuga. Finita una grana ne arriva un'altra. E poi un'altra e un'altra ancora. Spesso i miei figli si danno il cambio. Quando si cheta uno, parte l'altro. Dei vulcani sempre attivi. Una vita ad alto tasso di sismicità. Ogni tanto grandi eruzioni e terremoti e distruzione totale, scosse che radono al suolo quello che hai costruito, fanno solo macerie, feriti e dolore purissimo. Tutto viene travolto, il presente e il futuro si perdono nel fumo dei crolli. Ti sembra non abbia più senso niente... nessuna prospettiva è buona se non la resa. Troppo complicato cambiare i destini. Quelli vanno dove vogliono loro. Poi la vita riprende, piano piano. Ma sempre con qualche scossa. I sismografi dell'anima registrano un'attività lieve ma costante. È la vita, baby, mi ripeto. Succede a tutti. Ma continuo a sperare in un po' di tempo facile. Senza scosse di assestamento. Senza lava incandescente. Almeno per settantadue ore.

«Tu sei pazza, ti sei presa una grana senza senso. Con il tuo mestiere, poi.» Questo il mantra della mia amica Raquel. Mia coscritta. Anno 1964. Ostinatamente single. Pure senza gatto. Legge il futuro nei germogli delle patate. Non chiedetemi come fa ma ci piglia pure. Di mestiere fa la traduttrice, lavora in casa, guadagna il giusto ma spende tutto quello che può, tenendosi sul conto soltanto il denaro per il suo funerale. L'ho sempre trovata una prospettiva di futuro terribilmente macabra. Non ha voluto figli da mai. «Altro che figli,» mi dice «io a malapena riesco a star dietro ai ragazzi.» Allora ce li ha, penserete. No, sbagliato. I ragazzi sono i suoi fermenti lattici, che alleva amorevolmente per farci il kefir, quella specie di yogurt liquido e asprissimo per stomaci di amianto. Già. L'allevamento e l'accudimento dei fermenti per lei sono un impegno che le piega le ossa. Una responsabilità spaventosa. Li tiene in un barattolo di vetro fuori dal frigo, con sopra un pezzo di pellicola tutta forata perché han bisogno di respirare... Be', li capisco. Già nascono fermenti, che non è proprio il massimo dell'incarnazione, togligli anche l'ossigeno... Stanno lì buoni buoni a bagno nel latte, e lasciatemi dire che l'aspetto lascia molto a desiderare. Sono dei grumoncini bianchi, inermi, che nelle ventiquattr'ore si danno un gran da fare per trasformare il latte in pappetta.

Me li ha presentati tempo fa: «Dai, ragazzi...» – grazie al cielo non li chiama per nome, anche perché sono grosso modo tutti uguali, non riuscirebbe a distinguerli... – «venite su un po' numerosi... Fatevi vedere.» Li tira su a cucchiaiate perché loro preferiscono rimanere a bagno in profondità. I ragazzi in buona sostanza sono batteri vivi, vivissimi. «Son più semplici da gestire, credimi. Arrivano dal Caucaso, sono stranieri.» Anche i miei sono stranieri, ribatto, solo che vengono dal Kosovo e non li tengo a bagno nel latte.

L'unico problema sono le ferie. Non se li può portare in giro in valigia. Anche fare trekking con il barattolo nello zaino non è comodissimo. In barca a vela non ne parliamo, il latte si caglia e diventa tomino. Ma lei ha trovato la soluzione. Li manda in pensione dalla sua amica Jessica che ha quattro figli, due cani, un marito e una tartaruga. Due ragazzi in più o in meno, manco se ne accorge.

Ho sempre amato le giraffe. Intanto per quel collo alla Modigliani che le rende così chic. Con sole 7 vertebre cervicali come noi umani, ma di 28 centimetri ciascuna. Per questo bevono solamente una volta ogni due giorni, perché con quel collo lì fanno una fatica boia ad abbassarsi, e devono bere tipo in spaccata. Poi adoro quegli occhi bistrati e seducenti. E i due cornini sulla testa che portano con nonchalance? E quell'incedere dinoccolato su quelle fragilissime zampette a grissino? Invidio l'aria di superiorità rilassata che sfoderano mentre masticano le foglie sui rami alti delle acacie senza fare un plissé.

Le giraffe hanno un cuore grande. 11 chili per 60 centimetri. Sarà per quello che sono ai primi posti della scala evolutiva per i servizi sociali al branco.

La gravidanza della femmina dura un'eternità: 450 giorni. Dopo di che, poco prima del parto, le mamme si ritirano in luoghi nascosti e lì scodellano il loro cucciolo in piedi facendolo precipitare a terra da un metro e mezzo d'altezza. *Sbeng.* Quando il piccolo nasce è alto suppergiù un metro e 80 e nel giro di cinque minuti è in grado di reggersi in piedi da solo. Nella prima settimana di vita il giraffino passa molto tempo sdraiato ed è guardato a vista dalla madre, che dorme pochissimo, solo 30 minuti per notte. Più o meno quel che succede agli umani quando i neonati strillano e levano il sonno.

A partire dalla terza settimana di vita del loro piccolo, le mamme giraffa mettono in atto un comportamento affascinante: creano dei piccoli gruppi di madri con prole e istituiscono dei veri e propri asili nido. Quello che noi mamme bipedi del XXI secolo chiamiamo «la banca del tempo». A turno, una femmina resta con i cuccioli mentre le altre si allontanano per fare la spesa o sbrogliare le faccende di tana. In caso di pericolo, la femmina maestra d'asilo richiama il proprio figlio e immediatamente tutti i giraffini capiscono l'antifona e si spostano pure loro.

Le altre madri, fiduciose sì ma non proprio al mille per mille, passano un paio di volte al giorno a controllare che tutto proceda senza intoppi, per poi riunirsi tutte insieme la notte per proteggerli. Come si fa a non amarle.

In questi asili nido sovente le mamme allattano persino piccoli che non sono loro, una pratica chiamata *allonursing*.

Le femmine di giraffa sono tra i mammiferi più collaborativi sulla gestione dei figli e hanno creato un sistema quasi perfetto e autosufficiente per garantire loro un po' di autonomia senza trascurare minimamente le esigenze dei piccoli, anzi. Anche perché i padri, come molto spesso succede nel mondo animale, se ne infischiano.

Altro must di entrambi, quando il gioco si faceva duro e fioccavano i no e le regole, è stato: «Ma in che famiglia sono finito!». O finita, quando lo sclero era Vanessico. Che tradotto significava: «Ma dimmi te che sfiga maledetta che ho avuto. Destino bastardo, cinico e baro. Non solo mi hanno abbandonato, non solo mi son sucato anni e anni di comunità, ma sono finito in una famiglia di merda che mi tiene sotto chiave, io che sono un giovane virgulto, io che sono una vestale ineccepibile, che sono pronto e pronta dall'alto dei miei tredici anni a volar via da questo nido stretto e asfittico». La ribellione dell'età, mi ripetevo. Però il dubbio che fossero davvero finiti in una famiglia di merda, o perlomeno non proprio da dieci e lode, un po' mi veniva. Forse potevo fare di meglio. Forse potevo fare di più. Forse sbagliavo. Forse ero inadeguata. Forse dovevo essere più conciliante. Forse potevo dire più sì al posto di questa sfracassata di no… Forse ma forse ma sì.

5

La memoria di Jordan è prodigiosa. Folgorante. Una dote che a scuola lo ha sempre salvato: bastava che ascoltasse la lezione del prof, o leggesse una sola volta la pagina del libro, e già la sapeva. Peccato non aprisse quasi mai il libro e quindi il miracolo stentava a compiersi. Come lui forse solo Cristina, la mia storica amica dell'oratorio, che ancora oggi sciorina in ordine cronologico i compleanni dei miei fidanzatini, di cui io fatico persino a ricordare i nomi. Anche Jordan si ricorda tutto. Ma tutto tutto tutto. Che è anche la sua condanna, perché quando non ha voglia di fare una cosa che gli è stata richiesta, e si giustifica dicendo: «Non mi sono ricordato», scatta all'istante il mandamento a quel paese. Sua sorella lo ha sempre odiato per questo.

Vane ha la memoria di un pesce rosso, composta di vapore acqueo e nebbia. Non memorizza nulla, stenta persino a ricordarsi il suo indirizzo di casa. Non si ricorda una via, si perde per Torino sempre. Non distingue Corso Francia da Corso Vittorio. Guida l'auto benissimo, peccato che non abbia idea di dove stia andando. Jordan invece è un navigatore umano. Ma la particolarità che aveva già da piccolo, che poi ha raffinato nel tempo e che tutte le volte mi fa ridere alle lacrime, è che non solo ricorda tutti i nomi delle vie ma anche i nomi di battesimo dei titolari delle vie, e persino la loro professione, se è segnalata sulla targa marmorea. Tipo: Via Carlo Vidua. Esploratore. Via Giulia Molino-Colombini. Pedagoga. Via Riccardo Zandonai. Compositore. Io quand'era piccolo gli dicevo, tipo: Jordan preparati che stasera andiamo a cena dal mio collega Marcello. «Ok. Dove abita?» In via Mancini. «Ah, certo. Via Pasquale Stanislao Mancini, avvocato, giurista, politico e accademico italiano.» Ma puoi? Ma dico, puoi?

Davide era straconvinto che fosse o disturbato o posseduto. Invece, a dispetto delle pretese di suo padre batterista, che richiedeva in auto un ascolto devoto di musica di qualità, che peraltro piaceva solo a lui, da Henry Rollins agli Steely Dan, Jordan non faceva in tempo a salire in macchina che cominciava a leggere ad alta voce tutti i nomi delle vie, un misto tra una filodiffusione e la giaculatoria di un rosario… «Via Eusebio Bava, generale», «Via Gian Francesco Galeani Napione, storico e letterato italiano», «Via Guglielmo Reiss Romoli, dirigente di azienda». Incamerava i nomi in chissà quale anfratto della memoria e poi snocciolava il suo sapere random. Di solito il meglio lo dava durante le cene, magari con qualche mio amico intellettuale o amica letterata. Lì mi faceva fare dei figuroni. Il professore citava, che so… Giannone, e Jordan a nove anni tuonava: «Ma certo, Pietro Giannone, filosofo e storico 1676-1748». E i commensali trasalivano. Lo guardavano esterrefatti e mi sussurravano all'orecchio: «Tuo figlio è un genio». Io pensavo: No, è un taxista.

Sono passati quattordici anni da allora e io Jordan, con tutto il bene sconfinato che gli voglio, non l'ho ancora capito. Soprattutto non ho chiaro se è disturbato, se è posseduto o se è davvero un genio.

Per loro gli anni di comunità non sono un ricordo infelice. Tutt'altro. «Quali sono i bambini che hanno la fortuna di stare sempre insieme ai loro coetanei a giocare, fare i compiti, mangiare e dormire?» Non ci avevo mai riflettuto. «Certo, non avevamo mamma e papà, ma non ci sentivamo diversi. Perché l'affetto ce lo davano Luca e Piera.» Un diacono e una suora laica, gli educatori. Così amorevoli. Attenti a non farli mai sentire diversi dai bambini cosiddetti normali. L'ho notato da subito: i bimbi della comunità erano bimbi curati. Nell'accezione migliore del termine. Accuditi. Le magliette stirate, i capelli pettinati, le scarpe pulite, gli zaini di scuola uguali a quelli degli altri compagni. Nulla che li rendesse diversi, e questo non è un particolare da poco. Si sa quanto i bambini possano essere crudeli nel sottolineare le mancanze o i difetti.

Ricordo la precisione con cui Piera fece loro la valigia il giorno in cui andammo a prenderli. Un ordine che non hanno mai più trovato in casa della sottoscritta. Tutto diviso in sacchetti trasparenti. Le mutandine, i calzini, le magliette impacchettate una a una, i giochi in sacchetti di tela, i quaderni e persino gli album di figurine sistemati in cartelline di cartoncino colorato. E la maglietta di Ronaldinho, che nella valigia di Jo stava in cima, nell'Olimpo, sopra a tutto il resto. Come per Vane il completo della Cresima.

La lunga permanenza in comunità, poi, ha sviluppato in loro una dote che io amo tanto: l'accoglienza. Essendo i veterani del posto, quando arrivavano bimbi nuovi, spesso in lacrime e pieni di spavento, ci pensavano loro. Erano i boss del comitato di accoglienza. Il nuovo arrivato smetteva di frignare nel giro di qualche minuto, l'inclusione era immediata. «Dai, vieni, ci manca giusto un attaccante in squadra. Non piangere che ti faccio la treccia a spina di pesce.» Pochi convenevoli. «Aggiungiamo un posto a tavola che si fredda la cioccolata calda.» Bastava che il novellino non si provasse a finire le gocciole, se no scattava la Santa Inquisizione.

Poi sanno giocare. Sono dei fuoriclasse. Che invidia. Io avevo paura persino di giocare a nascondino, con l'ansia che non mi trovassero mai più. E mi annoiavo a stare nascosta, preferivo farmi scovare in fretta, diventare prigioniera subito, per tornare a mostrarmi con grande piacere. E se ero io a dover stanare gli altri, peggio che mai. Sempre stata cecata, mai visto un tubo in vita mia, quindi i nascondini erano scampoli di dannazione.

Essendo abituati ai giochi di società, sono intuitivi, capiscono al volo le regole e vincono sempre. Io non solo perdo, ma non capisco nemmeno le regole, quando me le spiegano mi distraggo e la mente vola via... E anche negli sport sono pazzeschi. La loro anima è di carta velina, ma hanno un controllo del corpo super. Saltano, corrono, si arrampicano, nuotano, vanno in canoa, fanno basket, scherma, tennis, tutto con estrema facilità. I primi tempi li guardavo ammirata. Io che da piccola a malapena mi reggevo in piedi e invecchiando manco quello. Figlia unica di madre apprensivissima di stampo tradizional-piemontese, non andavo in altalena *perché poi ti viene la nausea*, niente giostre perché *poi ti gira la testa*, non nuotavo perché mia madre aveva paura dell'acqua, anzi terrore: dopo aver mangiato anche solo una carota dovevo aspettare tre ore esatte *così digerisci*, e di solito digerivo proprio in concomitanza col tramonto, per cui non potevo bagnarmi perché *poi non ti si asciugano i capelli e di sicuro ti viene mal di gola*.

Jordan e Vanessa sono cresciuti liberi e giocosi, ho cercato con tutte le mie forze di lasciare che la loro selvaggitudine si sfogasse il più possibile. Ne avevo anche un tornaconto. Se si stremavano fisicamente dormivano prima, e chi è madre sa quanto sia una benedizione.

Nel tentativo di essere una buona madre, ho letto, ascoltato, visto di tutto. Mi sono anche dopata di «SOS Tata», quella trasmissione tv di qualche anno fa in cui una coppia disperata chiamava in aiuto una tata, laureata in pedagogia o giù di lì, che venisse in casa a dare una mano a addomesticare i figli, veri animali della giungla refrattari a ogni tipo di costrizione. La tatona arrivava (erano tutte leggermente sovrappeso e questo regalava loro un'aura di autorevolezza maggiore), passava qualche giorno in quel circo di urla, pianti, strepiti e minacce senza intervenire mai ma scuotendo ripetutamente la testa, come a dire «Non ci siamo per carità», al terzo giorno prendeva da parte i genitori, li faceva sedere sul divano e con una crudeltà degna di un cecchino gli diceva che non valevano un tubo. Questa la sintesi. A partire da lì, dalle lacrime a pioggia dei due poveretti, e dalla loro consapevolezza affranta, la tata dettava nuove regole. Il passato era passato, il futuro stava nei no, nei capricci non consolati, nelle luci spente quando era ora, nelle pappe mangiate anche se un minuto prima erano state scagliate contro il muro. Non ci si deve fare intenerire, diceva. Dolci e teneri quando se lo meritano, ma irremovibili nei precetti. Giusti e inflessibili. Coccole in modica quantità. Io mi bevevo tutto, e da ex maestra e da ex professoressa plaudivo con entusiasmo. Poi cercavo di fare la stessa cosa in casa. Ero una tata delle tate. E giù di post-it appiccicati su ogni superficie incollabile. Certo, perché le regole dovevano essere disseminate per casa, in modo che s'imprimessero a fuoco nel cervellino dei bimbi.

NON SI ALZA LA VOCE, NON SIAMO ALLO STADIO.
NON PICCHIARE TUA SORELLA.
NON MENARE TUO FRATELLO.
SI CHIEDE SCUSA.
SI DICE PER FAVORE.
LA CAMERETTA NON È UN PORCILE.
NIENTE SCARPE SUL DIVANO.
Una tappezzeria di bigliettini che dopo qualche giorno svolazzavano impazziti per casa. Alla terza settimana piovevano post-it, me li trovavo attaccati al cappotto o incollati alla suola delle scarpe. *Les feuilles mortes*. Le regole sopraffatte dal caos quotidiano. Saranno servite? Boh, chi lo sa. L'importante non è la meta ma il cammino. E il nostro è stato lungo, gioioso, burrascoso e zeppo di post-it.

È come quella storia zen che racconta Carrère nel suo ultimo libro. Quando inizi il cammino, la montagna che ti si para davanti è riconoscibile. È fatta a forma di montagna. Un grande cono o un picco roccioso che si staglia in lontananza, con la cima, le pendici e i declivi. Ma dopo il primo passo, ecco che cambia. Da quel momento non sarà mai più la stessa. Di volta in volta ti mostrerà un pezzetto sconosciuto, una curva inaspettata, uno strapiombo, una cascata, un lungo sentiero in piano. Istantanee. Frammenti. Orizzonti che si chiudono, paesaggi che si spalancano. Sole che acceca, muschio ed eterne penombre. Non sarà più una montagna intera, ma le parti di cui è fatta. Spaventose e bellissime.

E quando arrivi sulla cima, la montagna della partenza è tutt'un'altra.

Così sono le imprese e le scommesse. Cime e vette che si mostrano all'inizio in un modo e poi mutano. Niente è mai come sembra. E godere della salita è l'unica cosa che dà un senso al nostro andare. Con la rocciosa certezza che potresti non raggiungere mai la cima e che la montagna non sarà mai mai mai la stessa.

6

Come non mi piace curiosare nei cellulari altrui (anche volendo non ci riuscirei, sono troppo impedita per smanettare), così non ho mai amato ficcare il naso nei diari personali. I bambini hanno i loro segreti come gli adulti, pezzettini di vita da tenere per sé, noumeni oscuri che solo le pagine sanno preservare silenziose. Mai frugato, mai sbirciato, mai tentato di manomettere i lucchetti. Quella storia della privacy in fondo vale anche per i figli. Tu rispetti me e io rispetto te. Ciascuno ha il proprio perimetro da non valicare se non per cause di forza maggiore.

Una sola volta non ho resistito. Il diario segreto di Jordan, all'epoca novenne, era sulla sua scrivania. Aperto. Il lucchetto non c'era più, credo venduto dopo un paio di giorni. Erano passati pochi mesi dal loro arrivo, quindi la curiosità ha preso il sopravvento sull'etica. Con una scrittura cuneiforme tipo età del bronzo, c'era scritto più o meno così: «Mi trovo bene in questa nuova famiglia, ho anche una cameretta tutta mia e un Game Boy nuovo. Ma una cosa brutta c'è. Mi fanno mangiare i cavolini di

Bruxelles. A me i cavolini di Bruxelles mi fanno schifo». Con un meraviglioso «a me mi» a suggellare la soggettività assoluta del suo disprezzo.

Ho chiuso di colpo, come fanno le dive delle telenovelas quando leggono verità scomode. Quanta saggezza nelle tue parole. Anche a me fanno abbastanza schifo. E allora perché propinarti quelle pallette verdastre e amarognole? Quelle biglie indigeste che non fanno che riproporsi per ore? Risposta: perché in giro non fai che leggere elogi al potere taumaturgico delle crucifere. Cavoli, cavolini, cavolfiori. Panacee per ogni male. Una dieta sana, per farvi crescere rigogliosi, pensavo dovesse contemplare anche quelli. Ma per una volta, non facendomi i cavoli miei ho compreso che anche i cavolini tuoi erano out.

Jo e Vane da bambini sono stati appassionati allevatori di pesci rossi. Ne abbiamo avuti a profusione, come ogni famiglia media che si rispetti. Non nella boccia di vetro che poi rincretiniscono, in quelle vaschette plasticose e meste abbarbicate sempre in posti improbabili per impedire al gatto di sfilettarli e farne sashimi. Jo intavolava con loro lunghi discorsi senza contraddittorio, convinto che il loro venire a galla fosse un evidente segnale di affetto.

La partenza per le ferie con la vaschetta in braccio, e dentro quel catino un mare forza otto, un classico del brivido. Nessun amico ha mai avuto la compiacenza di tenerceli, nemmeno Adelaide, la mitica single del secondo piano. Presidia il condominio dodici mesi su dodici, dice che lei in vacanza preferisce andarci quando non ci va nessuno, ma da che la conosco non è mai partita. Strenua nemica di ogni forma di vita, animale, vegetale e umana, alla mia ennesima implorazione di pensionare da lei i due carassi aurati, ha ribadito il suo no convinto e mi ha suggerito di abbandonarli in autostrada. La sua crudeltà ha qualcosa di sublime.

Altro stratagemma è stato consegnare le chiavi di casa a un fish sitter che venisse a nutrirli. Il nostro, Bartolomeo detto Billy, un solerte studente di psicologia attento non solo al corpo ma anche all'umore dei pinnati, un giorno ha avuto la geniale idea di metterli al sole, per dargli a suo dire un po' di luce e di vita. Peccato che la vita gliel'abbia tolta perché il calore li ha bolliti. «Si potevano mangiare con un goccio di maionese» mi ha detto. Credo che non si sia mai più ripreso.

L'anno dopo, quell'anima pia di Pia, amorevole colf pugliese e ottimissima cuoca, li ha nutriti a profusione come fa con i figli e i nipoti, e al nostro ritorno ci ha consegnato la vaschetta con dentro due squali. «Erano secchi secchi,» ha mugugnato «come si fa a vivere mangiando solo acqua?»

Quando Jo era al campeggio del WWF, una mattina ho trovato il suo adorato Ryan a pancia su. Prima ho pensato facesse il morto, poi ho capito che lo era. Vanessa ha avuto una contrizione di un millesimo di secondo e ha subito superato il lutto. Ma sapevo che il piccolo Jo al ritorno si sarebbe disperato. E quindi? Quindi andiamo a cercarne un altro che sia il sosia sputato di Ryan. Tanto più o meno i pesci rossi si somigliano, uno vale l'altro. Niente di più sbagliato. L'occhio di Vane implacabile me li cassava tutti: «No, questo no, ha la pinna più larga, no, quello no, ha l'occhio da scemo, quello lì ha il muso cattivo, quello è troppo gonfio, una palla di cannone», con l'addetto ai pesci di Viridea che perlustrava col retino il mega-acquario in uno stato di trance. Poi finalmente il prescelto: Ryan 2 la vendetta. «È un po' più soporoso, meno guizzante» decreta Vane. Sarà questione di carattere, taglio corto.

Jo ritorna e, dopo aver salutato frettolosamente me e suo padre, si lancia sulla vaschetta perplesso. Sento avvicinarsi il cataclisma ma resto impassibile. «Che strano, Ryan è diverso.» In che senso?, sfodero le mie doti da attrice. «Be', non mi fa le feste. Vedi?» Lui è sempre stato convinto che il suo pesce rosso scodinzolasse come un setter. Be', sei stato via quasi un mese, forse non ti riconosce più. I pesci rossi hanno la memoria corta. (Quanto scivolano gli specchi se ti ci devi arrampicare.) E poi il giorno dopo: «Che strano, Ryan ha gli occhi più vicini». Dev'essere il caldo. «'Sto pesce è stinto.» Colpa del cloro dell'acquedotto comunale. «Ma come mai gli si è sfrangiata la coda?» È il trend dei pesci adolescenti, quando crescono diventano ribelli e pure la coda si sfilaccia.

Settimane d'inquietudine e di dubbi e poi il suo cuore si è messo in pace. Ryan 2 è stato il pesce più longevo della stirpe. Ha tanto dormito, mangiato con piacere e scagazzato con gioia. E Jordan in questo momento sta scoprendo finalmente la verità.

Ancora con 'sta storia della famiglia tradizionale. Come ci fossero famiglie di serie A e famiglie di serie B... come se fosse un campionato di calcio. E quale sarebbe la famiglia di serie A? Quella dove van sempre tutti d'accordo? Bene, non esiste. È una bufala. Se in una famiglia van sempre tutti d'accordo significa che ciascuno si sta facendo i fatti suoi. Una manciata di monadi con orbite separate e distanti.

Tanto di solito i paladini della famiglia tradizionale ciupano in giro come ricci, mantengono pattuglie acrobatiche di escort e poi vanno in Parlamento e votano contro le unioni civili...

Le famiglie non sono un'equazione algebrica e neanche una formula matematica.

Io adoro quelle dei fumetti. Lì sì che ci sono famiglie meravigliose. Zio Paperino che vive con tre nipoti, Qui, Quo e Qua, Nonna Papera che non è mamma di nessuno e fa la nonna di tutti da sempre, Kung Fu Panda che ha due genitori maschi: il padre adottivo, un'oca cignoide, e quello biologico, un panda. Roba da mandare in fibrillazione tutte e quante le sentinelle in piedi.

E Batman e Robin? Sono gay? Irrilevante. Quello che conta è che quando uno è in pericolo lancia il bat segnale e l'altro arriva.

Senza parlare di Geppetto che è vedovo e ha un figlio di legno.

Ogni famiglia è famiglia a modo suo, e lo è sia quando è felice sia quando è infelice, con buona pace di Anna Karenina.

È famiglia quella dove ci sono mamma e papà coi loro bambini, ma anche quella con due mamme o due papà con i loro bambini, una signora divorziata col suo nuovo compagno, la badante con la nonna, la famiglia a targhe alterne con il papà divorziato che tiene il figlio il sabato e la domenica. Anche lo studente straniero che affitta la camera nel tuo alloggio dopo un po' fa parte della famiglia, lui impara l'italiano e tu il curdo, così puoi andare dal capufficio e mandarlo a stendere in una lingua ignota.

A me anche tre otarie, se educate e di buon carattere, stanno bene come vicine, purché per le scale non ci sia tutti i giorni tanfo di gamberetti.

C'è un solo requisito per fare famiglia. Uno solo. Semplice. L'amore. Il volersi bene. Darsi una mano ed esserci tutti i giorni, resistere davanti alle difficoltà, festeggiare quando le cose vanno bene e stringere i denti quando tutto gira storto.

La famiglia dev'essere una roba morbida, perché più è morbida e meno si battono le testate. Il materiale migliore è la gommapiuma, che se ci dai dentro una craniata non ti fai male, piuttosto rimbalzi un po'.

È famiglia quella che accoglie, si apre, fa spazio in casa e nell'anima.

Ho letto che in questi ultimi anni le famiglie che adottano bambini sono diminuite del 34 per cento. E come mai si adotta sempre meno? Perché è una corsa a ostacoli. Per prima cosa ci vogliono un sacco di soldi. Minimo 20.000 euro per un'adozione internazionale. Quindi puoi essere generoso solo se hai i soldi.

E poi un sacco di tempo: diciotto mesi per avere l'idoneità e venticinque per portare a termine l'adozione, che fa tre anni e mezzo. Il tempo che la sonda Voyager ci ha messo per raggiungere Saturno. E in tre anni e mezzo sai quante cose possono cambiare? Puoi cadere per strada e spaccarti tutta, possono atterrare gli Ufo e invadere il pianeta. Sai Giulia De Lellis in tre anni e mezzo quante volte può aver preso e mollato Andrea Damante? E intanto, mentre il tempo passa, il bambino o la bambina resta in comunità o in orfanotrofio o in balia di chissà chi. Pensa che spreco, che spreco gigante d'amore impantanato in un intrico di regole tignose e antiche.

C'è un detto milanese che a me piace tantissimo, perché è semplice e concreto, che recita così: *Piutost che nient, l'è mei piutost*. Che tradotto significa: piuttosto che niente, è meglio piuttosto. Qualunque cosa sia. Quindi perché selezionare solo coppie sposate? Apriamo le adozioni anche alle coppie conviventi, ai single, alle coppie omosessuali.

Fateli, i controlli, prima di affidare un bambino a una nuova mamma e a un nuovo papà, ci mancherebbe, ma fateli in fretta. Per avere figli in maniera naturale, mica si devono fare tutti questi test.

La gestazione dell'elefanta è la più lunga del regno animale: 22 mesi. *Chapeau*. D'altra parte generare un pachiderma non è come dirlo. Pensa che sfinimento portarsi dietro un pancione per quasi due anni, corredato di nausee, vescica che non tiene, caviglie gonfie (che già in natura non sono sottilissime), abbassamento della vista e sontuose voglie che dev'essere piuttosto complicato soddisfare.

Poi, dopo quasi 700 giorni, la femmina dà alla luce il pargoletto. Una piuma di un metro del peso suppergiù di 120 chili circa. Quindi anche il parto non è propriamente un giro di valzer.

Il piccolo Dumbo a questo punto viene immediatamente inserito nel gruppo sotto il comando assoluto della matriarca, la femmina più anziana, che decide sua sponte dove e quando spostarsi alla ricerca di acqua e cibo. È lei che comanda la giostra e difende a colpi di proboscide il pupone.

E poi *surprise*: l'elefante adotta.

Se la madre naturale malamente trapassa, c'è subito un'altra femmina del gruppo pronta a prendersi cura del ciciu arrivando persino ad allattarlo grazie a una fulminea montata lattea. Senza bisogno di assistenti sociali.

Casa nostra, prima ancora di Jordan e Vanessa, ha accolto un'altra bambina: Svetlana. Il passaparola e qualche articolo di giornale mi avevano avvicinato a un'associazione di Grugliasco, vicino a Torino: «Genitori per Chernobyl». Un gruppetto di mamme e papà che d'estate ospitavano in famiglia bimbi bielorussi dai tre ai tredici anni. Si trattava di un progetto di affido sanitario. I pulcini arrivavano dalle regioni colpite dal disastro nucleare di Chernobyl (al confine con la Bielorussia) del 1986. Gli anni non avevano granché ridotto gli effetti della sciagura e il livello di radioattività del terreno e delle falde acquifere poteva aumentare esponenzialmente le malattie tumorali soprattutto in età infantile. Consentire quaranta giorni di vacanza (o anche di più) in Italia a questi bambini poteva ridurre di moltissimo il livello di radioattività che i loro corpi avevano accumulato. Aria pulita e cibo sano. Una specie di cura disintossicante.

Svetlana è arrivata per la prima volta nel luglio 2003, aveva sei anni, i capelli più lunghi di lei, castano chiarissimo. È scesa dall'aereo agghindata con gli abiti tipici della tradizione bielorussa, pareva una bambolina di quelle che i nostri nonni sistemavano sui letti. Sperduta, anzi, *sbafumà*, come si dice in piemontese, un termine difficile da tradurre, più o meno: attonita. Gli altri genitori tenevano in mano bambolotti o macchinine, io un sacchetto di ciliegie. Dovevo eliminare dal suo corpo 'sti cacchio di radionuclidi il prima possibile, Cicciobello sarebbe venuto dopo. Che mostro che sono e che ero, ogni tanto ci penso. Minchia, le ciliegie, ma come mi è venuto in mente? Sarà che non ho mai avuto tanti giocattoli da piccola, i soldi non andavano sprecati in stupidaggini. Due bambole soltanto: Poldina e Petula. E un tarocco di Barbie. Stop. Solo facendo la madre ho compreso cosa mi sono persa.

Ovviamente Svetlana non capiva un accidente. In più era stata catapultata in una realtà per lei psichedelica. Un appartamento in una grande città misteriosa dove due mostri, uno enorme e l'altra microscopica, gnegnavano parole incomprensibili. A lei, che era una fatina che viveva in una dacia in mezzo ai boschi, con mamma, papà e fratellino.

Nella nostra associazione i bambini avevano una famiglia alle spalle, magari con qualche difficoltà economica ma l'avevano. La dose d'amore era garantita. In altre invece i bimbi provenivano da istituti e orfanotrofi, quindi si portavano dietro un bagaglio di pena decisamente maggiore. Comunicare con lei all'inizio è stato davvero complicato. Ma Sveta era una brava bambina, educata e solitaria. Sapeva giocare anche da sola. Ogni tanto qualche botta di malinconia, ma bastava prenderla in braccio, stringerla forte e darle tanti baci che quelli non hanno bisogno di traduzione. La soluzione per capirsi? Il pollice, quello vero, non quello degli emoji. Pollice in su: ok. Pollice in giù: non se ne parla. Pollice a metà: mh, mi piace, ma così così. Siamo andate avanti a suon di pollici per quaranta giorni. Era tutto un: Come stai? Pollicione in su. Che ne dici di andare a dormire? Pollice verso. Ti piace il budino? Mh. Così così. Vuoi una banana? Due pollici in su. Svetlana era una bimba banana-dipendente. Temevo subisse una mutazione genetica e fossimo poi costretti a rimandarla a casa in gabbia come uno scimpanzé. Poteva mangiarne anche quattro al giorno, insieme a cisterne di yogurt, montagne di pomodorini pachino trangugiati come fossero caramelle e carriole di cetrioli sgranocchiati crudi davanti a Rai Yoyo. Forse il suo corpo stesso li chiedeva e io ero ben felice di soddisfarlo. Di non commestibile solo tante tante tante Barbie. Non le bastavano mai. Mi guardava con quelle due valanghe che ha al posto degli occhi e mi implorava: «Lu? Buarbuie...». Credo che detenga la collezione di Barbie più numerosa di tutto l'impero bielorusso.

Come ha imparato l'italiano? Merito dei cartoni animati, Dio li benedica. Prima coi versi: «Ehi, wow... sììì... naaaa...» e poi via via qualche parola. Noi pure ci siamo attrezzati con un vocabolario italiano-bielorusso. Davide di gran lunga più bravo di me. Io, da sempre negata per le lingue, non capivo una mazza e non spiccicavo una parola. Solo da. Cioè: «Sì». E *Cac dilà? Karasciò.* Cioè: «Come va? Bene grazie». Fine.

Tra Davide e Svetlana è stato amore a prima vista. Un amore che dura ancora adesso. Ha ventitré anni ormai. Tutte le estati è qui, non ha saltato un anno. Tranne questo, maledetto.

La sua prima ripartenza è stata un vero strazio. Non facevo che piangere, terrorizzata dalla paura di non poterla rivedere mai più. Per fortuna avevo il suo numero di telefono e con qualche difficoltà potevo sentirla. Ogni tanto facevamo qualche verso alla cornetta per dirci che eravamo vivi e ci mancavamo un sacco.

Svetlana è stata un primo passo verso l'affido. Un po' distorto, per la verità. Lei era una bambina facile. Piena d'amore. Con una famiglia che nonostante le difficoltà l'aveva cresciuta bene, le aveva insegnato a essere felice. A cantare, a ballare, a giocare. Disegnava benissimo, sorrideva parecchio e non faceva quasi mai brutti sogni. Il suo viaggio da noi aveva un unico obiettivo: proteggerla dalle malattie. Per Jordan e Vanessa, tutta un'altra storia. Il loro era stato un passato pieno di scossoni, toccava rimetterli in piedi e soprattutto farli stare su.

I tre supereroi hanno passato insieme vacanze meravigliose, a collezionare tuffi in piscina, a fare lunghi bagni al mare fin quando prendevano il tipico colorito bluastro e i polpastrelli la consistenza della trippa di vitello, a mangiare gelati di dimensioni inumane, pizze schifose con le patatine fritte, e com-

piti pochi. Jordan e Vane si menavano più del solito, complice il mare che rende nervosi, lei stava sugli spalti. Mai entrata nell'agone. Io mi stremavo. A fine ferie ero da buttare, non vedevo l'ora di ricominciare a lavorare.
Sveta e Vane coppia de fero. Inseparabili (tuttora). Jordan espulso, roso dalla gelosia. Sveta nell'adolescenza seminnamorata. Lui, crudelmente macho, la schinava.
Lei soffriva in silenzio, una classica eroina russa. Interminabili sessioni di lettura la consolavano. Andavamo in una bottega russa a Torino che, oltre a vendere panna acida e aringhe affumicate, aveva uno scaffale pieno di libri usati. Facevamo incetta di romanzi che lei divorava in lunghi pomeriggi passati in camera sua. Non escludo di averle comprato anche dei mezzi horror o storie a luci rosse perché li sceglievo basandomi esclusivamente sulla copertina.
A Sveta piacciono moltissimo anche i fumetti manga. Se la guardi bene, anche lei ha qualcosa di manghesco: gli occhi enormi, il fisico sottile e le gambe lunghissime. Tra l'altro li disegna da dio. Conservo ancora qualche suo capolavoro dove tutta la famiglia era ritratta bionda e con gli occhi azzurri. Vanessa si galvanizzava parecchio vedendosi princi pessa Frozen.
Il suo unico difetto: la lentezza. Che in una famiglia di schizzati come la nostra stride un bel po'. Tra il momento in cui apre gli occhi la mattina e quello in cui è pronta per uscire possono passare anche due ore piene. Piene come le nostre tasche ad aspettarla. Mia mamma dice che Svetlana va a tre mar-

ce: piano, pianissimo, ferma. I suoi pregi? È dolce nei modi, lieve nei movimenti, delicata nelle parole. Il mio sogno recondito? Che si trasferisca qui e frequenti una scuola di grafica e fumetto. Al momento ha finito l'università in Bielorussia e insegna in una scuola materna. Ora sì che vorrebbe scappar via, con le orribilezze di Lukashenko e le aggressioni violente ai civili. Prego ogni giorno che non le succeda niente, che stia bene e che sia felice. Se poi si trasferisse qui... be', per festeggiare mi sfonderei di vodka.

7

È la femmina dell'orango la madre delle madri, colei che incarna alla perfezione le cinquanta sfumature di maman. È lei la madre perfetta dal rado pelo ma dal grande cuore. L'oranga vive in simbiosi coi figli fino ai 2 anni, e fino ai 6 o 7 li accudisce e insegna loro a cavarsela nella vita. Robe di oranghi, foresta, cibo e tane per la notte. Gli orangutanghini, poi, crescendo non si allontanano mai dal nucleo famigliare. Non vanno a studiare guinness dei primati a Cambridge per dire, o a fare un master in frutta e corteccia tenera a Oxford. E non solo. Una volta diventati adulti non abbandonano mai la madre, anzi, vanno a farle visita anche fino ai 15 o 16 anni.

C'è stato il trauma dello scappare di casa. Della fuga. Per amore, nel caso di Vanessa. Per pura voglia di libertà e trasgressione per Jo. Per Vane tutto si è risolto in ventiquattr'ore. «Io lo voglio, lo voglio, lo voglio. Voglio andare a vivere da lui.» Ma Vanessa, sei fuori? Lui non vive mica da solo… sta con i suoi, che peraltro hanno pure un sacco di guai, e poi ti ricordo, eroina dell'amore, che hai solo diciassette anni. Niente. «Io vado.» Ok, vai allora. Ciao. *Sbam*. Portiera della macchina sbattuta e *sbam*, pugnalata al cuore mio. Ma tanto torna. Sì sì. Torna ma a notte fonda, quando tu non hai più un goccio di fiato per respirare. E il suo cellulare ti ripete da ore che l'utente non è raggiungibile e ti prega di riprovare più tardi. C'è chi dice che di questi *coup de théâtre* non bisogna avere paura perché tanto poi si risolvono in ventiquattr'ore, che in quel lasso di tempo non devi farti travolgere dai sensi di colpa e fare molto, moltissimo yoga.

Per Jordan è stato diverso. Lui è scappato di casa parecchie volte, almeno un paio al mese, ma nel giro di qualche ora tornava. A volte dopo dieci minuti chiamava in lacrime. Poi c'è stata la volta che non è tornato. È sparito per cinque lunghissimi giorni. Ma era già maggiorenne e legalmente poteva farlo. E quella è stata una delle esperienze più dolorose della mia vita. Uno strappo lacerante e tra l'altro inaspettato. Mai avrei pensato che potesse resistere così tanto. Senza soldi, senza caricabatterie del cellulare (che per loro è come dire senza vita), con 'nu jeans e 'na maglietta come Nino D'Angelo. E invece ha resistito, altroché se ha resistito. Dopo avermi mandato un sms mostro, che ho letto a pezzi perché non riuscivo nemmeno a metterlo a fuoco, tanta era la rabbia e la cattiveria sputata fuori. Centoventi ore di silenzio. Mica male, eh? L'ho cercato ovunque. Di notte e di giorno. A piedi e in auto. Sola. Ogni tanto vedevo che si sintonizzava su WhatsApp e allora mi tranquillizzavo. È vivo, pensavo. Mi basta sapere che è vivo. Così mi sono fatta da parte (mica facile per me) e ho aspettato. Come dicono i saggi? Sostare. Che è anche SO STARE. Sono capace di stare ferma. Quasi impossibile per me. Ma per amore ho fatto anche quello. Poi una notte è tornato. Ha suonato alla porta. Chi è? «IO» ha detto. E io a IO ho riaperto la porta.

Non ho mai amato la parabola del figliol prodigo. Anzi, mi ha sempre fatto incazzare. Quel cretino di un figlio che dopo aver fatto l'imbecille a destra e a manca torna finalmente a casa. E il padre che fa? Invece di prenderlo a mazzate, di somministrargli una slavina di calci nel sedere, uccide il vitello grasso. Al posto di spiedinare il figlio e cuocerlo a fuoco lento sulla brace, gli prepara un banchetto. Roba da matti. Tra l'altro un comportamento anche un filo irrispettoso nei confronti dell'altro figlio, quello non cazzone, che ha sempre rigato diritto senza proferire parola. Invece il prodigo arriva bello trullo e il padre... *fran*!... accoppa un ignaro quadrupede per festeggiare. Dove sta la giustizia?

Poi l'ho provato sulla mia pelle. E ho davvero capito. Un padre, una madre devono avere sempre la brace accesa. E il frigo pieno. Devono essere sempre pronti a spalancare la porta. Comunque siano andate le cose. Sempre pronti a fare a fette un vitello solo per te. Oppure un avocado se nel frattempo sei diventato vegano.

Solo una cosa non digerisco: la bugia. Ecco, quella mi fa dare di matto. Tutto posso tollerare e perdonare ma non le palle. Eppure mio figlio è il re delle palle. Il gran visir della panzana, il frottolaio matto. Ne racconta così tante che le volte che dice la verità finisce che non gli credo. Ma anche fanfaluche inutili, perfettamente inutili, e perché? Ah, va' a sapere. Per sentirsi libero e fuori controllo, credo. Lei pensa che sono lì e invece sono là. Eh eh, quanto sono figo... Peccato che lo sgami ogni volta. Perché è pure tanto sfortunato. C'è sempre qualcuno in giro che lo vede e mi telefona per avvertirmi. Sempre. «Ho visto Jordan al bar di piazza Zara. Ma fanno sciopero anche al Valsalice?» «Stamattina, pensa, alle 8.30 ho incrociato Jo al mercato. Era con tre amici. Ma da quando fuma?» Le mie rabbie erano funeste. Mi attaccavo al cellulare e lui, visto che non poteva negare l'evidenza, sbroccava contro i miei amici che sono sempre in giro e soprattutto non si fanno i fatti loro. Comunque non è mai cambiato. Sono passati tanti anni e quel difetto lì ce l'ha ancora, purtroppo. Un filo meno, ma ce l'ha. Preferisco che mi si schiaffi in faccia una verità spinosa piuttosto che una menzogna avvolta nella melassa. Forse ci sta di mezzo quella storia della fiducia di cui parlavo prima. Chissà.

8

Perché proprio Vanessa e Jordan? Quante volte mi son fermata a pensarci. Perché proprio loro? Potevano essere Gennaro e Priscilla. O Melissa e Valerio. Oppure Luca e Nicola o Mirella e Martina. E la vita sarebbe stata completamente diversa. Migliore o peggiore, chi lo sa. Il destino ha scelto per noi. E anche per loro. Come un severo mazziere ha mescolato le carte e poi le ha distribuite. Per Luciana e Davide: Jordan e Vanessa. Questa l'assegnazione.
Esistono fili sottilissimi che ci legano? Misteriose affinità, arcani incastri, mappe sentimentali? O è stata pura casualità? Soltanto un abbinamento fortuito dei servizi sociali, un banale mescolarsi di combinazioni, burocrazia e carte bollate? Non ho mai trovato una risposta, ma rimango convinta che tutto quel che ci succede su questa benedetta terra abbia un senso. Peccato che la cartina delle nostre esistenze non abbia alcun verso a noi comprensibile. Nessuna direzione logica. «Non sono i segni che mancano, quello che manca è il codice» scrive Pennac. Ci sarà da qualche parte una password che ci con-

sentirebbe di entrare nel mistero. Per ora ci sfugge ma forse va bene così. Tanto io le password non me le ricordo mai.

Ripenso a quelle parole pronunciate dalla signora sulla panchina: «Nella vita tutto si risolve, basta la salute». Mi sembrava un'affermazione così banale, finché Davide non si è ammalato. Di quelle malattie lente e spietate che rotolano come una valanga e travolgono tutto e tutti. Piani, sogni, idee di futuro. Si prendono lo spazio, diventano protagoniste.

«Vuoi far ridere Dio? Parlagli dei tuoi progetti» dice un vecchio proverbio ebraico.

Ci toccava riscrivere la vita, renderla più malleabile, programmare un nuovo percorso ma soprattutto stringere i denti e ritrovare il coraggio.

9

Vorrei dormire come i canarini. Anche in piedi ma con la testa sotto l'ala per non sentire mezzo rumore. Se solo avessi le ali sarebbe tutto più facile.

Sono stanca. I genitori sono gli esseri viventi che più si stancano. L'ostinazione sfianca. Anche il modularsi continuamente richiede una dose di energia niente male. Ogni tanto penso che sarebbe bello fare delle pause. Lasciare che tutto rimanga così com'è. Per un pochino. Una vittoria conquistata, un traguardo raggiunto, una salita terminata. Piantare la bandierina e perdersi un attimo nel silenzio e nella pace. Pausa. Fermo immagine. Guarda che vista da quassù. Ma quando si hanno figli questo è impensabile, tocca stare sempre sul pezzo. Ed essere sempre disposti ad ascoltare. Non capisco perché l'evoluzione della specie non ci abbia aumentato la cubatura delle orecchie. Quante parole ci transitano dentro in una giornata? Tonnellate, milioni di miliardi di tonnellate. Ci vuole un quintale di giga di memoria per contenerle tutte.

Intanto ci vorrebbe un foglio Excel mentale per appuntarci dentro i nomi di tutti gli amici dei figli. Cataste di amici che vanno e vengono, spariscono e ricompaiono, si conoscono all'asilo, si perdono alle elementari, si ritrovano in palestra già baffuti e pettorute ma poi si riperdono alle soglie della maturità. Una sarabanda continua. E guai, di tutti i guai del mondo dei guai, se per caso, svista o incidente neuronale, te ne dimentichi qualcuno.
«Hai presente Lollo? Lollo!!! Ma come non ti ricordi di Lollo???» No amore mio, sono una povera mentecatta senza cervello ma non ho la più pallida idea di chi sia 'sto Lollo. «Ma l'amico di Moccio, il cugino di Semi, quello che va a scuola con Gaia. Hai presente Gaia?» Mi viene l'occhio catarattoso e spento del cane anziano. Di Gaia al momento mi viene in mente solo «Gaia – Il pianeta che vive», la trasmissione di scienza che Mario Tozzi conduceva qualche anno fa. «Ma ti svegli? Gaia è la figlia della tua amica Marcella.» Ah sì, che cretina, Gaia, certo. Quella che ha perso la verginità in quinta elementare e la madre ha dovuto andare in analisi dura per tre anni quattro volte la settimana.
Comunque facciamo il conto. In meno di cinque secondi mi hai parlato di Lollo, Moccio, Semi e Gaia. Fan quattro cristiani che mi devo tenere a mente, pe-

raltro con nomi impegnativi. Perché certo, gli amici non si chiamano mica Giovanni, Matteo, Federica e Cristina. Noooo... Si chiamano così all'anagrafe ma sono universalmente conosciuti come Gioggi, Matte, Fefe e Cri. Che poi c'è Fefe e Fefe. Atansion. Perché c'è la Fefe che va al D'Azeglio e la Fefe che va al Passoni. E non ti passi per la mente di confonderle. Ok. Ora me l'appunto in agenda. Non sia mai. Anzi guarda, tesoro. Stanotte, per addormentarmi, al posto di contare le pecore mi ripasso l'elenco dei tuoi amici. Cucu, Nani, Pongo, Noce... Ah, a proposito, volevo dirti che ti saluta tanto zia Sara. «Zia chi?????» Come zia chi? Una ne hai, minchia. Una. Io sono figlia unica e Davide ha una sola sorella. Hai una sola, unica, singola zia. Sara. Due sillabe. SA-RA. Un'unica zia contro dodici milioni di amici di cui devo sapere i nomi a memoria pena l'insulto e l'ignominia. E poi sarei io la rincoglionita?

Finalmente a casa. Adesso preparo una schifezza per cena e poi mi spalmo sul divano e svengo. Apro la porta e toh... Non c'è nessuno. Ma come mai? Fammi controllare il cellulare. Ah ecco. Vanessa dice che ha fatto tardi in palestra e sta arrivando. Lei è fanatica della natica. Dev'essere sempre più su. In alto e ancora su. Ma Jo? Che fine ha fatto? Mi ha cercato alle sette di sera ma l'iPhone, in quel maledetto posto, non prendeva. Non succede mai. Il mio telefono è sempre acceso, giorno e notte. Metti che scoppi una pandemia e io non sia informata. Boh. Gli mando un messaggio: *Dove sei*. Senza punto interrogativo. Così. Lapidaria. Che capisca che già mi girano. Leggermente ma mi girano. Si fanno le 8 e mezza e arriva Vanessa. «E Jo?» dice col punto molto interrogativo. Jo niente. Gli ho mandato un sms ma non risponde. Ultimo accesso ore 19. E adesso sono già le 20.30. Ansia. Va be', lo chiamo. Niente. Suona libero ma non risponde. Dove cacchio è finito. Adesso cominciamo anche con la moda del non rispondere? Ah, perfetto... Giusto perché se c'è una cosa che può far saltare i nervi è bene sperimentarla in fretta. «Chiamo io» dice Vane. Niente. *Tu tu tu*, suona libero. Mi guarda perplessa. Io ho già superato la perplessità e sono entrata a grandi balzi nel meraviglioso mondo del panico. E si fanno le 21. E poi le 21.30. *Tu tu tu tu*. Neanche da dire che ha il cellulare scarico, strategia peraltro usatissima per non farsi trovare.

Adesso telefono a quella testa di fanga del suo amico. Pronto, Giovanni? Dov'è Jordan? E lui con la classica voce cavernicola, un misto tra Mario Biondi e una ruspa, fa: «Non l'ho visto. Oggi sono stato a casa a studiare». Seee... certo. Non hai mai sfogliato un libro in vita tua e combinazione oggi sei diventato di colpo Leopardi. Sei sicuro? «Sì, non lo vedo da un po'.» Non mi prendere in giro pure tu che mi parte la scheggia. Infatti mi parte. La scheggia. Senti, Giovanni, se scopro che Jo era con te oggi giuro che ti faccio passare dei brutti cinque minuti. Sappilo. *Sbeng*. Metto giù.

Eccomi qua. Donna Imma. Immacolata Savastano. Moglie del capocamorra di *Gomorra*. Riproviamo. Niente, non risponde. Dio del cielo guardami. Mi stanno scoppiando le coronarie, abbi pietà. C'ho pure il soffio alla tricuspide che il cardiologo mi ha detto di tenere sotto controllo. Adesso manco soffia, fischia come una pentola a pressione. E poi quel disgraziato è in giro con la macchina, ha la patente da otto mesi e si crede Räikkönen. «Stai tranquilla, Lu! Guido da otto mesi!!!» Eh, appunto. Non mi stai dicendo una cosa che mi tranquillizza. Io ce l'ho da ottant'anni e mi sento meno sicura di te, pensa un po'. Comunque. Sono le 22 e lui non c'è. La pasta è nel piatto. Fredda. E lui non c'è. *Piripipiripipi*. Squilla il telefono. Finalmente. Non è lui. «Pronto. Sono la mamma di Giovanni. Perché ha trattato male mio figlio?» Misericordia, pure questa. La moralizzatrice. Rivesto i panni di Donna Imma. Senta, signora, poi le spiegherò con calma, magari davanti a un caffè, perché sono stata un po' sticcazzica con suo figlio. Che, vorrei dirle ma non lo faccio, è un furbastro pallista che la prende per il naso e le fa fare tre giri della morte un giorno sì e l'altro pure, e lei pensa di avere a che fare con Domenico Savio. Ora però abbia pazienza. Devo trovare Jordan se non le spiace.

Le madri sono strane. Esseri mitologici metà donne metà tigri. Riprovo. Non risponde. Non risponde e non risponde. Sono le 22.30. Non è possibile che non mi avverta. Dev'essere sicuramente capitato qualche casino. Mi ha cercato, il cellulare era isolato e poi è scoppiata l'apocalisse.

Vanessa si sporge dal balcone fino al punto di non ritorno. «Ehi Lu, ma guarda che la sua macchina è posteggiata sotto casa.» Come è posteggiata? Quindi è uscito a piedi! Microscopico sospiro di sollievo. Non *ftttt* ma *ft*.

Vanessa mi guarda col piglio di un investigatore di CSI. «Non sarà mica in camera sua?» In camera sua? No. La porta d'ingresso era chiusa a chiave e nella toppa non c'era la chiave. Corriamo. Eccolo lì. Porta chiusa. Tapparelle abbassate. Dorme beato. Con il telefono silenziato vicino che segna 87 chiamate senza risposta. Ultima trasformazione in Donna Imma. Ma sei sceeeemoooooooo??? strillo con un acuto da Regina della Notte. Sono tre ore che ti chiamiamo!!!
E lui pacifico: «Be', mi sono addormentato». Ma come addormentato? Alle 6 del pomeriggio? Come un anziano dell'Opera Pia Lotteri? Tu che non dormi mai neanche se ti sparano siringhe di anestetico come ai gorilla! «Ero stanco.» Bon. Mi sale la rabbia. Prendo a calci il mobile. Ogni tanto mi capita. Prendo a calci qualcosa per non prendere a calci qualcuno. Spacco. Spacco tanto. Bicchieri, piatti, tazze. Quando parte la briscola ho la potenza distruttiva di uno tsunami. Dicono faccia bene buttar fuori. Io non butto, spacco. Poi, quando ho distrutto ben bene tutto, prendo la scopa e raccolgo i cocci. Oppure lo fanno loro, dipende. E il giorno dopo vado dalla signora dei casalinghi. «Mannaggia, come fate a rompere così tanti bicchieri?» Eh sapesse. Abbiamo le mani di burro. (Mani di burro e palle d'amianto che girano a elica.)
«Guarda! Mi han chiamato tutti i miei amici. Che figura di merda mi fai fare…» Ecco. Oltre all'ansia adesso mi spetta una bella carriola d'insulti. D'altronde ha anche ragione. Ma la colpa non è mica mia… e nemmeno tua, caro Pisolo. La colpa è di Modesta, la signora delle pulizie, che non ha visto che eri rientrato e ti ha chiuso in casa a tua insaputa,

come Scajola. Be'. L'importante è che tu sia qui. Un puma furioso ma qui. Immagina quando Giovanni dirà a sua madre: «Sai dov'era Jordan? In casa che dormiva». Penserà che io sia una povera pazza, e farà bene.

Mi spelacchiano i nervi quelli che di prima mattina concionano. Mentre il sole fatica ancora a tirarsi su, loro hanno già la pila carica al cento per cento. E parlano. Parlano e parlano. Il brutto è che non parlano da soli, parlano a te, e pretendono pure che li ascolti reclamando uno scambio. Possibilmente vivace. Alle 7 di mattina. Lo scambio. Vivace.

Vanessa è una di quelli. Io sono lì, in cucina, all'alba, sgorbia, naufraga di una delle tante notti poco dormite, la caffettiera sul gas che borbotta anche lei, ed ecco che arriva RTL in forma umana e quel minimo di pace si sfarina in un attimo. Contando che l'outfit per la mia fata è imprescindibile, le domande sono mediamente di questo tenore: «Ma secondo te i capelli me li devo legare oppure li lascio sciolti? Che dici, meglio i jeans o i leggings? Che cosa mi metto: scarpe da ginnastica o tronchetto?». Attenzione: sempre in forma di quesiti referendari ai quali non ti puoi sottrarre. Il tutto condito con un brio che ha del miracoloso. Forse Vanessa secerne una sorta di cocaina naturale che la schizza appena mette piede fuori dal letto, se no non si spiega. Ma fosse questo il peggio. Quello arriva solo con la seguente frase: «Ma sai cosa ho sognato stanotte?».

Ed è questo il punto di non ritorno, perché di colpo mi si sganciano i circuiti neuronali e salta tutto. Blackout. Dopo le prime due frasi il mio cervello va in stand by. Detesto chi mi racconta i sogni. Già fatico ad ascoltare le parole che hanno una logica, figurarsi seguire delle trame oniriche prive di qualsiasi costrutto.

I sogni di Vanessa sono film di Lars von Trier dove stanno mescolati bambini senza testa, nani senza mani, gatti senza piedi, incendi devastanti, ali piumate che la schiaffeggiano, grossi vermi, missili atomici e molto molto moltissimo fumo. Ma non fumo di canna, che spiegherebbe in parte il delirio, fumo fuliggine, cenere volatile, nebbia cupissima. Anche fanghiglia che cade dal cielo. Giusto per non farsi mancare niente. Poi son tutti sogni lunghi. Non: «Ho sognato che brucavo cicoria in un campo con quattro mucche». Naaaaa... delle mezz'ore di sogno. Con tanto di specifiche. «Ero in un campo di cicoria dell'Illinois.» E come lo sapevi che era l'Illinois? «C'era un cartello.» Con scritto grosso Illinois? «Esatto... Stavo brucando con quattro mucche frisone: Laila, Samy, Ursula e Cora. Più indietro sullo sfondo cinque pecore merino: Milly, Toma, Anastasia, Marmelade e Wanda.» E avanti così. Dettagli su dettagli che manco in un quadro fiammingo. «Ero in un atollo della Polinesia. Ci sono gli atolli in Polinesia?» Secondo te? «Ma che cacchio ne so!» Ma certo che ci sono gli atolli in Polinesia, analfabeta d'andata e di ritorno... E così fino allo stremo.

Vanessa con la sceneggiatura dei suoi sogni potrebbe tirar su una serie di Netflix minimo di sei stagioni. Poi, quando ha finito d'ingurgitare l'ultimo pandistelle e di raccontare il frame finale di un sogno, cioè quando lei viene rapita da un indigeno della Papua Nuova Guinea che la carica su un carro e la porta da Zara, va a lavarsi i denti ed esce. Io sono già colpita e affondata. Avverto una sensazione strana, come se mi sanguinassero le orecchie. Ma ecco alzarsi un borbottio lontano e sinistro. Si è svegliato Jordan, il mio piccolo Bambi. Torvo. Un paesaggio di Turner. Smadonna perché non trova le mutande pulite. Ha come al solito sbagliato cassetto ma non mi pare il momento giusto per farglielo notare. Sono solo le 9. Fine pena mai.

I miei figli da piccoli hanno tanto litigato. I miei figli litigano tuttora. I miei figli da grandi litigheranno sempre. Questa è la tripletta certa della loro relazione. Comunicano così, mandandosi affan. A volte hanno tali ingorghi di rabbia che l'unica possibilità che trovano è sputarla fuori con parole infuocate. Ma le mie orecchie di figlia unica e devota figlia di Maria Ausiliatrice non reggono l'impatto. Il conflitto mi agita, non mi piace lo scontro, mi fa schifo l'offesa. Ma non è un problema di parolacce, di cui da sempre si sa sono grande estimatrice, a lasciarmi senza fiato sono il duello e la collisione muscolare che i miei due gladiatori ingaggiano. Sono sempre match all'ultimo sangue, guerre mondiali che scoppiano improvvise per boiate minime. Da piccoli si picchiavano selvaggiamente, due draghi di Komodo, soprattutto Vanessa menava suo fratello senza pietà, e solo Davide dall'alto del suo metro e 85 e dei suoi allegri 90 chili riusciva a interrompere la guerriglia, forse perché essendo il primo di tre fratelli conosceva perfettamente i meccanismi della rissa. Bastava un suo «OU», sillaba unica e insieme mirabile verso truzzo, che i duellanti si ritiravano dalla pugna. Zero dibattito, zero confronto, zero bla bla bla. Solo un «OU» forte come un tuono. Io tutto il contrario. Mi spolmonavo cercando di farli ragionare, quando non ragionavano neanche da calmi (avendo la testa della consistenza uno di un sasso di Matera e l'altra di una pietra delle Madonie), e poi, intuito che la mia arte affabulatoria non addolciva lo scontro, mi buttavo nella rissa tentando di dividerli e uscendone sempre ammaccata. Riuscivano a dirsi cose che definire ignobili è poco. Ricordo con una punta di nostalgia un litigio in cui ci fu uno strepitoso scambio d'insulti di stampo etnico; Vanessa gridava: «Sei uno zingaro!» e lui rispondeva: «Sei zingara pure te, idiota!». Ma la palma del più grande insultatore mondiale di tutti i tempi spetta a Jordan, che una volta, nel pieno di una rissa sanguinaria, riuscì a dire alla sorella: «Stai zitta NANESSA!», facendo una crasi linguistica degna dell'Accademia della Crusca. Lei scoppiò a ridere, a me venne il respiro inverso dei cani e Jo si sentì per una volta davvero vincitore.

L'adolescenza e le fermentazioni ormonali poi aumentarono le mareggiate e i venti a 60 nodi. Ma quel che ancora oggi non riesco a spiegarmi sono i cambi repentini di umore. Per dieci minuti si dicono cose spaventose, sputandosi addosso insulti e ignominie che arrivano a coinvolgere la prima linea di avi del Mesozoico, e allo scattare dell'undicesimo si organizzano per andare a mangiare la pizza insieme. Ma si può? A me, se butto addosso a qualcuno delle contumelie del genere o peggio le ricevo in faccia a catapulta, il cuore si riempie di braci e recido i legami per sempre. A loro non succede. Le crisi non durano, proprio come la felicità. È tutto a scadenza. Anche gli scampoli d'inferno, per fortuna. Ricordo quando Jo in una delle sue crisi funeste prese il vocabolario, lo aprì, cercò la parola *madre* e, sventolandomi con prepotenza la pagina sotto il naso, mi gridò in faccia: «Impara, leggi cosa vuol dire essere madre!». Ci misi giorni e giorni per riprendermi. Mi ripetevo che in fondo per lui quelle crisi erano salutari, occasioni per buttar fuori tutta la spazzatura che aveva dentro, ma certo fare da pattumiera non è mai una condizione piacevole. Gli spettri del passato quando si fanno vivi ululano feroci, spargono sale sulle ferite aperte e riempiono l'anima di crepe. E a te spetta il compito ingrato di cacciarli via, contenendo la rabbia e la paura, consolando e lasciando che il male trovi sfogo da qualche parte senza fare troppi danni. Passò un'ora e mi chiese se avevo bisogno che andasse a comprare il pane. Non era propriamente uno «Scusami», ma conoscendo l'elemento quasi.

Sono andata a rileggermi lo Zanichelli. Sotto la parola *madre* c'è scritto: *colei da cui ci si aspetta di essere accolti, compresi e amati incondizionatamente*. Sta lì il cuore di tutto. Dentro quella parola così lunga: incondizionatamente. Credo che le madri debbano fare proprio questo. Non lasciarli mai, amare i figli per quello che sono e non per quello che potrebbero essere. Perché, ahimè, quel potrebbe, potrebbe non succedere mai. E noi dobbiamo essere così piene d'amore per accogliere anche quell'eventualità.

Una strategia salvifica che ho imparato col tempo è lo «spegni e riaccendi». Quando all'acme del battibecco ogni parola non fa che alimentare l'urto e la discordanza, stacca la spina. Hai presente quando si impalla il cellulare o il pc e nessun magheggio sbroglia l'inchiodamento? Cosa ti dicono se chiami il numero verde? «Provi a spegnere e riaccendere», e tu regolarmente pensi: che sontuosa boiata. Vorrai mica dirmi che basta così poco? Ma con l'ultimo filo di energia provi anche quello. Spegni il modem, pigi il tastino del cellulare, premi allo sfinimento il pulsante del computer. Con la tv non fai che staccare direttamente la spina. Poi aspetti qualche minuto. Eterno, per carità. E dopo riprovi ad accendere. Con i rapporti umani è lo stesso. Se il discorso va troppo su di giri, se il disordine s'insinua nell'inferno delle nostre teste, fai una cosa: spegni. Poi, quando i circuiti si sono raffreddati, riaccendi il dialogo. Magari devi aspettare più di qualche minuto. Però di solito funziona.

La stella marina non ha il cervello. Beata lei.

10

I colloqui coi professori. Chi ha attraversato questa esperienza di premorte sa di cosa stia parlando. Io, grande sostenitrice della scuola pubblica, con Jordan ho dovuto cedere alla privata. Don Bosco poteva essere la mia ultima chance. «Lasciate che i giovani vengano a me» predicava spalancando le braccia. Te lo lascio volentieri, prova a vedere se ci puoi fare qualcosa, anche solo segatura di qualità. Magari san Francesco che parlava coi lupi sarebbe stato più adatto, ma non sottilizziamo. Ed ecco l'anticristo dai preti. Amatissimo e detestato a morte. Lui è così. Angelo e demone, la personificazione di un romanzo di Dan Brown. Mai viste tante teste di prof scuotersi tutte insieme. Dei metronomi. Bastava che varcassi la soglia dell'aula professori e iniziava la danza del *no non ci siamo*. Quanti video per TikTok avrei potuto fare.
  Lei meglio. Solo tanta lingua lunga anche coi prof. Zitta mai. Portatrice sana di robusta tracotanza. Però situazione decisamente sotto controllo.

Con Jo invece sempre repliche dello stesso film. Dell'orrore. Ma la parte peggiore era la coda condivisa con le altre madri a cui oggettivamente, conoscendo il soggetto, facevo una gran pena. In quei momenti provavo un sentimento molto simile alla vergogna. E quasi mi vergognavo di provarlo. Quindi per distrarmi contavo i pezzetti dentro le piastrelle di graniglia. 1, 2, 3, 4... 25, 26, 27... I genitori dei compagni mi vedevano arrivare da lontano e ridevano. Ma mica per il mio mestiere, no, perché conoscevano vita, morte e miracoli del mio pargolo. «Ho sentito che Jo ha rotto una finestra con un pugno», «Mi ha detto mio figlio che Jo è sparito durante l'ora di ginnastica, che figlio simpatico che hai, ma è vero che ha preso 1 nella verifica di fisica?». 2, ha preso. Ha preso 2, rincaro, mentre loro parlano di voti e di medie per entrare nei college americani.

Le più velenose? Le madri delle ragazze che Jo faceva innamorare e poi scagava di colpo. Vedevo che mi fissavano e cambiavo fila. Ma quelle mi raggiungevano, e sventolando unghie Rouge Noir e rossetti Decadence in una pioggia di droplet (grazie a Dio ancora non c'era il Covid) iniziavano la concione: «Eh sai, Allegra sono giorni che piange perché lui non si fa più sentire». Lui chi? «Tuo figlio.» Allegra? Mai pervenuta. Poi Allegra depressa è un ossimoro vivente. Mi spiace, sai, ma al carnet delle sue fiamme non intendo accedere. «Digli che sparisca dalla sua vita, per favore, che non mangia più.» Anche Allegra sulla coscienza no. Deperita per colpa del disgraziato. Ma sai, sono amorazzi dell'adolescenza. «Eh no. Allegra ci credeva un casino e lui l'ha illusa.» Uff... non sto a raccontarti, Allegretta cara, quante volte ti succederà ancora... Che poi ci si metta tua madre a farti da avvocato difensore proprio non lo capisco.

Ma ecco che sento arrivare in lontananza i tacchi di un'altra Cavaliera della tavola rotonda di design. La madre di Pimpi. Maria Ludovica. (Non chiedetemi come nascano i nomignoli perché per me è un mistero insoluto.) «Potresti dire a tuo figlio di restituire il compasso a mia figlia? Gliel'ha prestato cinque giorni fa e ancora non gliel'ha riportato.» L'avrà venduto, penso. Nulla di più facile. Jordan è zingaro inside, sempre stato affascinato dai baratti, dagli scambi e dal commercio clandestino. E soprattutto dall'idea di avere dell'argent de poche, qualche euro sempre in tasca da spendere per i suoi bisogni primari, cioè qualche Goleador e palloncini da farci i gavettoni. La paghetta? Prevista per entrambi ma il più delle volte a lui sospesa. «Direi che è giunto il momento di comprargliene uno.» La braso con gli occhi. E conto anche fino a diecimila per non farla alla julienne. Gliene avrò comprati minimo sette, li usa come giavellotti. Casa mia è il regno di Camelot.

Si ha sempre la convinzione che se un figlio è un tormento la colpa sia dei genitori. Mamma e papà non sono sufficientemente capaci, non sono abbastanza presenti, soprattutto sono scarsamente autorevoli. Ma non è sempre così. Spesso si dannano l'anima molto più di altri ma è come se combattessero una guerra contro i mulini a vento. Anzi, contro le pale eoliche che sono una versione più aggiornata. Hai un figlio buono, caro e studiosissimo? Ti è andata bene. Non credere che sia tutto merito tuo. Un po' sì, certo, ma massimo al 30 per cento. Il resto ha fatto l'impasto del tuo Dna con quello del tuo compagno, e una buona dose di fortuna.

Invece, confidenza immediata con le madri degli altri lucignoli. Le riconoscevi subito le mamme sfigate, perché uscivano dal colloquio come da un esorcismo. Livide, spennate, con gli occhi gravidi di lacrime. Slavine di pianto pronte a inondare i corridoi della scuola. Mortificate. Non fa mai piacere sentirsi dire che tuo figlio è un cretino. Quello lo puoi pensare tu che lo conosci, ma che te lo segnali un altro crea disagio. Urta. Un urto che ti scoperchia il cuore come gli uragani fanno coi tetti. Io incassavo tipo un pugile colpi in rapida sequenza. Impassibile. Antimateria. *Pim, pum, pum, pam*. Convinta che peraltro avessero più che ragione. Piangevo poi con calma a casa, per disinnescare l'ordigno che mi ticchettava dentro, evitando di scatenare inutili guerre atomiche e adottando uno stratagemma che consiglio a chiunque non ami lacrimare in pubblico. Le cipolle. Meglio le bionde, quelle di Tropea son troppo dolci, non ti straziano la pupilla abbastanza. Affettare. Affettare cipolle piangendo in santa pace. Non ho mai affettato tante cipolle in vita mia. Dalle medie alle superiori non ho fatto altro. Singhiozzando pure, che non è proprio un effetto collaterale della Amarillidacea. Perché le lacrime hanno questo di bello, fanno da lente, ti aiutano a vedere la realtà con più chiarezza. Più piangi e più capisci, cosa non si sa, ma qualcosa in più sì. Volete sapere il piatto unico servito per cena dopo ogni colloquio coi prof? Zuppa di cipolle. Sono anni che non la cucino più e devo dire che non mi manca per niente.

11

«Ti presento Martina.» «Lui è Marcello.» «Questa è Gilda.» «Lui è Frafra.» «Hai presente la Maty di cui ti parlavo? Eccola qua.» «Entra pure, Nicolino. Lei è mia madre.» Piacere.
Il cancan dei fidanzati. Un luna park fiammeggiante. Strani amori che vanno e vengono, fanno dei giri immensi e poi ritornano, benedetta la Pausini, esseri sgangherati, sfrangiati, che sembrano usciti dalla finale dell'«Isola dei famosi», con capelli dai colori non esistenti in natura e sguardi vacui. Talvolta non propriamente pulitissimi. Maschi coperti di peluria imbizzarrita, donnini deliziosi crivellati di piercing. Mi spieghi perché Martina si è messa l'anello al naso come i tori? «Secondo me sta benissimo.» Trovi? A me verrebbe voglia di sventolarle una muleta per vedere se mi carica. «E non hai visto il tribale che ha sul fondoschiena.» Ecco, se mi tenessi fuori da quel che succede intorno ai tuoi apparecchi di bassa manovalanza, te ne saresti veramente grata.
 Intanto arriva Vanessa: «Lui è Matteo». Ah, certo, come no, Twilight. Cala il gelo di un rifugio del Cai.

Vanessa sbianca: una candela. Pensavo fosse un soprannome sdoganato. Lo chiamano così perché ha i canini molto lunghi e sporgenti, ma ora ha messo le mascherine ortodontiche trasparenti, i genitori si sono svenati, hanno chiesto pure un prestito in banca per pagare il dentista e grazie al cielo le zanne si stanno lentamente allineando. «Pensavamo di andare a studiare in biblioteca.» Certo. «Io e Martina invece ci mettiamo in camera a studiare.» Certissimo. A studiare, come no. Che bel verbo usato in maniera inappropriata. *Bum*. La porta sbatte e il sipario si chiude. E quel giorno più non vi leggemmo avante, contando che anche prima non leggevate un granché. Va bene. Vado a preparare la merenda per i cali di zuccheri post limone duro. Ma 'sto casino? 'Sto tafferuglio e 'ste risate convulse che arrivano dalla camera di Jo? Il fatto che il quadrato costruito sull'ipotenusa sia equivalente alla somma dei quadrati costruiti sui cateti fa così ridere? O sarà Bacone che gli spiega come sia importante esplorare la natura? Boh. Non te lo chiedere, madre. Questo è uno dei tanti momenti in cui devi imparare ad abitare l'altrove. Quel che succede in quella cameretta non è affar tuo. Fai altro, madre. Vai a dissotterrare i bulbi. Prepara il dado vegetale col frullatore che quando trita fa un rumore dell'accidenti che copre tutti gli altri. Stendi. Stendi come se non ci fosse un domani. Sporgiti di sotto fino al punto di non ritorno. Scrivere no. Scrivere è pericolosissimo in questi frangenti, ti si sbomballano i pensieri, il filo si torce e finisci col cervello chissà dove. Quel somaro domani ha due compiti in classe e l'interrogazione di fisica. E sta studiando i corpi in un altro modo. Va be'. Tu pensa positivo, madre. La beatitudine della scoperta, che nostalgia. Masticare la vita a bocconi grossi, e chissenefrega del 4 che arriverà a sommarsi agli altri 2 (due 4 e due 2).

Eccoli, gli amanti del Pont de Grand-Mère. Escono sudati e croccanti baciandosi come i due dell'Hôtel de Ville di Doisneau. Il mio imbarazzo mi congela. «Arrivederci, signora.» «Ci vediamo, Martina.» *Bum*. La porta sbatte di nuovo (le mie porte d'ingresso prima o poi si staccheranno tutte insieme, stufe di essere chiuse sempre con troppa foga).

Com'è? Avete studiato? «Ufff... fino a adesso, son stanchissimo. Mi mangerei un tacchino vivo.» È lo studio che fa quell'effetto lì.

Buio. Stacco. Ventiquattr'ore dopo. E il compito di mate? «Ho fatto il primo esercizio poi mi sono incartato.» E quanti ce n'erano di esercizi? «Sette.» Ah, molto bene. Inglese? «Bah, credo non male.» Credo. Dubitativo. Un altro 5 se va di lusso.

Quarantott'ore dopo: Come sta Martina? Risposta: «Martina chi?». *Triste, solitario y final*.

L'antechino è un piccolo marsupiale australiano famoso per le sue performance sessuali degne di una pornostar. Partiamo dall'inizio: questa simpatica bestiolina raggiunge la maturità sessuale intorno agli 11 mesi di vita. Direi piuttosto precoce. Allo scoccare del trecentotrentesimo giorno o giù di lì, per 3 settimane, l'antechino entra in un vortice di sesso sfrenato che lo porta prima alla cecità (a conferma degli ammonimenti adolescenziali) e poi alla morte. I maschi in questi tour de force copulano freneticamente anche per 12-14 ore di fila con più femmine possibili. E poi defungono, stanchi ma felici. Una vita davvero hard-core.

E le femmine? Be', intanto vivono almeno il doppio dei maschi.

Se il maschio muore d'amore dopo un anno di vita, le femmine vivono per 2 o 3 anni dedicandosi al maternage. Se crepassero con il timer dei maschi non avrebbero il tempo per partorire, nutrire e svezzare i piccoli.

Vengono ingravidate da numerosi maschi (in media, un cucciolo di antechino ha quattro padri potenziali, anche se non lo saprà mai), trattengono il seme in apposite sacche fino all'ovulazione, stratagemma che avvantaggia il seme migliore, e dopo 30 giorni danno alla luce in media 8 piccoli.

A seconda del numero dei capezzoli della madre, che può variare, gli antechinini saranno nutriti e svezzati. Nel dubbio, le madri scelgono sempre di allattare una femmina piuttosto che un maschio. Bella lì.

Forse non sono stata un granché come madre, ma credo di essere stata un buon padre. Questo sì.

Ho una predilezione per le piante. Il mio pollice è piuttosto piccolo ma verdissimo. Amo il giardino perché è un educatore silenzioso che t'insegna un sacco di cose. Per esempio ad allenare la pazienza di lasciar fare al tempo. Soltanto lui comanda il cambiamento e la trasformazione. Tu sei poca cosa. Puoi vigilare sui germogli, concimare e riparare dalle correnti, ma il resto è vita che cresce da sé.

Ci sono piante che per resistere in terreni ostili si piegano, si torcono, si arrampicano, si avviluppano, si sporgono alla spasmodica ricerca di un po' di luce che le nutra. Sanno stare anche in pochissima terra, tanta è la pervicacia della sopravvivenza. Non devi mai arrenderti e pensare che il loro destino sia segnato. A volte inaspettatamente risorgono, e con un vigore forsennato.

Il caco è la metafora perfetta. Lo vedi a fine estate perdere tutte le foglie. In autunno la pianta ti sembra morta. Fiaccata. I rami spogli come vecchie braccia artritiche. Ma a fine ottobre all'improvviso si fa gravido di frutti gonfi e dolcissimi, una smitragliata di palle rosso chiaro da squagliare il cuore. Il suo tempo è quello lì, e non coincide con quello degli altri.

Il giardino t'insegna che ci sono le stagioni, e le stagioni di ciascuno. E purtroppo anche i temporali, gli sconquassi, le bufere improvvise. Il giardino ti educa all'attesa. Ci sono i tempi della fioritura ma anche quelli della messa a dimora. Della terra che si riposa. Beve la pioggia, si copre di neve, si arrende al gelo e saggiamente sa aspettare che ritorni la sua primavera.

C'è voluto molto tempo prima che capissi che con Jordan e Vanessa ogni fase dolorosa aveva una durata. Prima o poi finiva, non era per sempre. E allo stesso modo non dovevo illudermi che i momenti di pace fossero eterni. Ci sono crescite veloci e lunghi periodi di letargo, come per le piante. Ogni tanto sembra tutto freezato e devi controllare che ancora respirino (basta spezzare un rametto, se è verde è vivo).

Io però sono troppo impaziente. Quando vedo che le mie piante patiscono, accartocciano le foglie, si piegano dalle radici, mi agito, mi arrovello in tutti i modi per sanarle. Le sposto di qua, e poi di là, più sole, meno sole, più ombra, pianerottolo, finestra, non ho requie. Le vedo soffrire e soffro con loro. Mi affanno a cercare il posto giusto dove possano riprendersi e crescere rigogliose. Con i figli ho fatto lo stesso. Ogni santissima volta che li vedevo macerarsi nel loro marenero, li ho ingozzati con il mio amore, che mi sembrava un fertilizzante perfetto per rinvigorirli. Non credo sia stata una buona idea. Forse dovevo solo fermarmi, controllare la mia insopportabile frenesia, dare loro il tempo di fiorire in pace.
Il Ficus Benjamin mi sta fissando. Invidio la sua immobilità.

Torino, 19 novembre 2012. Compleanno di Vanessa.

Ecco. È arrivato. 19 novembre 2012. Diciotto anni. Scritto per lungo fa ancora più effetto... Anche a dirlo ti emoziona... DI-CIOT-TO-AN-NI... Adesso sei grande. E non c'entra l'altezza, per fortuna, quella c'entra poco, ormai l'hai capito. Sei più grande dentro. Sei stata brava. Hai fatto un bel pezzo di strada. Sei partita da Milano, poi ti sei fermata un po' a Pavia, hai fatto qualche giro lì intorno e infine sei approdata a Torino. E qui c'è la tua casa ora. Che rimarrà tua fino a quando lo vorrai.
Sono passati quanti anni? Sei, sette? A me pare un'e-

ternità. Quando ci penso mi sembra che siate sempre stati qui. Sono stati anni gonfi di vita. Di risate, di ridarole (le tue a cena), di lacrime, talvolta, e anche di scontri. Ma questa è la vita, lei è fatta così, ti dà e ti prende. Non sempre la capisci. È fatta un po' come il Monopoli: imprevisti e probabilità. Devi girare il cartoncino e vedere che succede. Tira il dado, tocca a te. Ma attenta. Ogni azzardo deve essere ragionato.

Ancora una cosa. C'è un film bellissimo che non hai ancora visto che s'intitola *La meglio gioventù*. Siamo vicini al finale. Il protagonista si rivolge alla figlia che ha patito tanto perché da piccola è stata abbandonata dalla madre ed è cresciuta solo con lui. Ora lei sta per sposarsi e riceve inaspettata una lettera proprio da quella mamma sparita da tanti anni. Per cui si agita, non sa che fare. Così chiede a suo padre: «Che devo fare?». «Dipende da quanto ti senti forte» dice lui. Poi aggiunge: «Adesso sei felice?». E lei risponde: «Certo». «Bene» dice lui. «Allora è venuto il momento di essere generosi.»

Ecco. Ti auguro di essere sempre generosa, così piena d'amore da non riuscire a fare a meno di distribuirlo agli altri. Ti voglio bene.

«Ascolta, Lu. Pensavo di prendermi un animale.» Ah, che bella idea. Vivo? Sgrana gli occhi, li fa sporgenti come quelli di un batrace. Speravo una bestia finta, mi giustifico, tipo quei dalmata di ceramica che arredano gli appartamenti dei Casamonica. Sgrana ancora, è una versione al maschile di Bette

Davis. Scusa, ma abbiamo già un cane e un gatto, non ti bastano? Vogliamo diventare la succursale dello Zoosafari di Fasano? «Vorrei un animale tutto mio sul quale esercitare la patria potestà.» Le distorsioni mentali di Jordan disegnano labirinti infiniti. Posso sapere su quale specie pensavi di esercitare la tua potestà? «Un gerbillo.» Prego? «Un gerbillo.» E che cos'è? «È un topo del deserto.» Un topo del deserto??? Ma tu sei fuori! Vedi per caso tracce di deserto in casa nostra? Forse la lettiera del gatto, ma non è neanche sabbia, sono granuli di bentonite, una roba vulcanica che pesa una fucilata. «Il mio amico Ivan ha fatto la cucciolata.» Lui in persona? «Il suo gerbillo ha figliato e uno me lo regala.» Che culo. Se mi dai il suo cellulare lo ringrazio personalmente. «Tanto ho già deciso. Puoi dire quello che vuoi.» Alza le tende e se ne va.

Dai sedici anni in avanti Jo ha smesso di fare quello che volevo io e ha cominciato a fare di testa sua con risultati spesso molto discutibili (da me).

Digito compulsivamente *gerbillo* su Google. Clicco Immagini. Eccolo qua. Che schifo. Un simil criceto con la coda lunghissima, un topastro che dà sul rosa confetto. Ci mancava ancora un gerbillo, non ci sono abbastanza bestie qui dentro. Mi butto in camera sua e noto con piacere che ha già preparato il giaciglio. Dentro l'armadio, tra le maglie e le mutande, c'è una gabbia con paglia, fieno e mangiatoia. La grotta di Betlemme. Cerco di vedere il lato positivo: almeno è un bestiolino piccolo, sarebbe stato peggio se mi avesse portato a casa un facocero.

Dopo qualche ora il santo padre ritorna, tra le

braccia ha il roditore. «Lui è Tango.» Piacere. Fingo di stringergli la coda per alleggerire il clima. «Hai per caso una carota?» Certo. Son qui per questo. Gli porgo la radice e il gerbillo mi fissa. Sembra che mi dica: «Hai per caso visto carote crescere nel deserto, cretina?». In effetti non ha tutti i torti.

Il pargolo benedetto viene adagiato nella sua culla. Lo guardo. Che prodigio di schifezza. Chiude gli occhietti distrutto dal viaggio, e schiaccia il primo pisolino, placido. Lo credo, il riscaldamento è a palla, in casa c'è più o meno la temperatura del Sahara, mancano giusto i cammelli.

Torno alle mie sudate carte. Incrocio Uffa, il gatto. Ha gli occhi fuori dalla testa e le vibrisse che ballano la *Samba pa ti*. Lo vedo fiondarsi in camera di Jordan ma non realizzo il perché. Dopo pochi minuti parte un Maracanà dell'accidenti e ho come la percezione che sia crollato l'armadio. Corro in camera. Eccolo lì il micio, aggrappato all'anta dell'armadio, pronto a fare una strage. Certo che la vita è strana, ora mi tocca pure diventare la guardiana del gerbillo.

Uffa nei giorni a venire è ufficialmente andato fuori di testa. Il profumo di topo per lui era davvero irresistibile. Piantonava la camera come un corazziere sui gradini dell'Altare della Patria.

L'*affaire* gerbillo per fortuna è durato meno di un mese. Il suo papà umano non ha retto il peso della responsabilità e lo ha riportato dal suo amico a Cuneo, nota terra di gerbilli. L'armadio è tornato a essere dimora di braghe e mutande. Uffa ha smesso di fare la guardia e ha ripreso a ronfare ventitré ore su ventiquattro. La casa senza gerbillo è un po' più vuota, mi stavo affezionando anche a lui.

12

«Ehi, Lu? Tragedia.» È lei che arriva col suo carico d'ansia. Lieve e morbida come un marshmallow. *Que pasa?* dico con nonchalance. «Devi portarmi da qualcuno.» Capisco. Che malattia avresti stavolta? «È inutile che mi prendi in giro. Vorrei vedere te, stare tutto il giorno col naso che punge.» In che senso? «Nel senso che mi punge il naso.» Avrai una pustola. «Certo, la fai facile te.» Magari una crosticina, sai ai nasi capita. I nasi sono grandi produttori di crosticine. «No, fitte fortissime.» Addirittura. «Delle specie di doglie di naso.» Ossignore. Ma sanguina? «No, non ancora. Ma entro breve lo farà.» Pensiero positivo sempre a palla. «Devi portarmi da qualcuno, ti dico.» Tipo chi? «Da uno specialista.» Specialista in che cosa? «Non lo so. Da un medico che si occupa di questo.» Di nasi che pungono? Ti prego, Vanessa. «Ecco, non mi credi mai. Io vado al Pronto soccorso.» Fai bene. Altro che codice bianco. Trasparente, te lo danno. «Vieni anche tu.» Non ci penso nemmeno. «Sei senza cuore.» E tu senza cervello.

Le patologie di Vanessa non hanno riscontri in nessun manuale di medicina. Oltre al naso che punge, le friggono gli occhi, le si accavallano i nervi di colpo, le pulsano le orecchie, le si torcono le dita dei piedi, poi ha la lingua che trema, le unghie che si rammolliscono, la spalla che è uscita dalla sede, l'albume dell'occhio, cioè la sclera, che si è ingrigito, lo stomaco fermo. Anche le immagini che sforna sono capolavori dell'assurdo. Cosa sarebbe la sindrome dello stomaco fermo? Forse non hai digerito. Beviti un sorso di Coca-Cola. Oppure ti faccio una tisana calda.

Anch'io quanto a rimedi non sono molto coerente. L'idea di base è qualcosa che sturi.

«Tanto io non rutto.» Ah già, dimenticavo. La regina di cuori non ha fuoriuscite di aria o di gas. È a tenuta stagna. Da che è entrata a far parte della mia vita mi ripete sempre lo stesso mantra: «Io non rutto. Non ho mai ruttato e mai rutterò». Benissimo. E allora non lamentarti se ti senti lo stomaco fermo. Interviene Modesta, la signora romena che ci dà una mano in casa: «Anche a me ogni tanto lo stomàcco si ferma. Come il semafòro quando è rosso». Lei parla un po' come Stanlio. Sono basita: due esseri umani con lo stomaco fermo contemporaneamente. Non ce la posso fare. Intanto arriva Jordan con un carico di Biochetasi. Lo vedo che versa due bustine in un bicchierone colmo d'acqua. Comincio a pensare di aver cucinato qualcosa di davvero indigesto. Non mi dire che hai lo stomaco fermo pure tu? «Ma va'. È finita la Fanta.» E allora? «Mi bevo un paio di Biochetasi, sanno di arancia anche loro.» Ma sei cretino? «L'Oki non mi piace, sa di anice.» Mi pulsa la giugulare. Mi sa che devo andare da uno specialista.

Sto scrivendo. Mancano ventiquattr'ore alla puntata. Non ci sono per nessuno e per nessun motivo, chiamatemi solo se siete in punto di morte. Coi figli bisogna essere definitivi se no c'è sempre qualche istanza inutile e urgentissima, dal pelo incarnito all'equazione che non viene. Fruttero raccontava che quando doveva scrivere e aveva bisogno di concentrazione si metteva il cappello. Quello era il segnale che lui stava lavorando e moglie e figli non dovevano disturbarlo. Adorabile genio, quanto mi manca il suo dolce cinismo.
Squilla il telefono fisso. Mhmmm. Sarà di sicuro qualcuno che mi propone un allettantissimo cambio di contratto del gas. La voce ha già una punta di fastidio. Dico *Pronto* e ci metto anche un bel punto nell'inflessione vocale, che capisca che non ce n'è. Né ora né mai. «È la signora Littizzetto?» Seeee... Sta per uscire la bestia di Satana, ma la trattengo ancora con un rimasuglio di garbo imparato dalle suore. «È la Digos.» Prego? «La Digos.»
Il cuore mi fa un triplo salto carpiato con avvitamento a sinistra. Sono di marmo. Se la buonanima di Canova mi vedesse, due colpetti di scalpello non me li negherebbe di sicuro. Sono rigida. Sono lava rappresa. Ma come la Digos??? Cos'ha combinato quel disgraziato stavolta? Lo pelo. Giuro che lo pelo. Mentre mi preparo alla figura di merda più colossale della storia, tiro fuori il meglio di me. Il tono di voce si fa miele di castagno purissimo, la gentilezza è ai suoi massimi storici, la benevolenza è quasi cosmica: Mi dica. «Lei sa che è stata minacciata di morte?»... Ahhhh... (tiro un sospiro di sollievo che dura circa mezz'ora)... meno male. «Be', lei è la

prima persona a entusiasmarsi per una minaccia di morte...» Lei non sa chi è mio figlio, sto per dire, ma mi trattengo. Meglio così. Immaginavo che parecchi mi volessero morta, ma non così morta. «Un vicesindaco leghista sui social ha invitato i suoi follower a ucciderla.» Bene. I momenti sereni nella mia vita si susseguono a ritmo incalzante. A volte mi chiedo se anche le esistenze degli altri abbiano così tanti e maestosi sussulti.

Quindi che devo fare? «Venga in questura a sporgere denuncia.» Ok. Arrivo.

Ed eccomi lì a leggere le fotocopie di tutte le ingiurie. Niente male, il vicesindaco. Tanta fantasia, questo tocca dirlo. Il mio nome ritorna spesso, accostato soprattutto ad animali da cortile e da allevamento. Sono di volta in volta una brutta vacca, una vecchia gallina, una scrofa infangata. La vecchia fattoria al completo.

«Fa denuncia, quindi?» Be', direi proprio di sì. «Le faccio presente che il suddetto mostro vive in un paesino del Centro Italia raggiungibile credo solo a dorso di mulo.» Ah. Quindi significa che per anni dovrò percorrere chilometri e chilometri di stivale per poi varcare la soglia del tribunale a cavallo di un asino? «Più o meno.» La ciuccia sul ciuccio. Ma mi dica: tutto questo sbattimento... ne vale la pena? «Assolutamente no, se lo levi dalla testa, non servirà proprio a nulla.» Fantastico. Allora dia qui e mi faccia firmare.

Leggo il panegirico. C'è scritto che io avrei subito insulti vagamente diffamatori. Può mica togliere il vagamente? Sa, è un po' l'avverbio che mi perplime. «No, purtroppo questa è la formula.» (Sappiate che se qualcuno sui social vi dirà che siete una gigantesca porca, sarà solo un vago insulto, giusto qualcosa di meno di un complimento.) Firmo. Esco. E mentre mi godo questo misero lieto fine, spero che gli scoppi la prostata come un petardo di Capodanno, a quello là.

Gli amori di Vanessa meriterebbero un libro a parte. Lei ha sbagliato epoca, si comporta come un'eroina dell'Ottocento. Stessi strazi e stessi languidi sospiri. Innamoramenti a capofitto. Lanci nel vuoto con sotto paludi zeppe di coccodrilli scambiati per placide anguille. Il carnet delle sue fiamme ha contemplato quasi sempre storie che chiunque avrebbe bollato come impossibili. Tranne lei.

Vanessa quando cade innamorata non capisce più niente, e guai a farglielo notare perché potrebbe spolparti. Vane, guarda che lui ha detto che va a vivere a Bogotá. «Be', dove sta il problema?» Hai per caso intenzione di trasferirti in Colombia? «Assolutamente no! Lui non partirà, ne sono certa, vuole stare con me per tutta la vita.» Poi il suo principe parte e parte anche la tragedia greca col coro annesso, mio e di suo fratello, modulato al ritmo del: «Te l'avevamo dettooooooo...». Certo io non mi trattengo dall'infierire.

È capitato che si sdilinquisse per un ragazzo che ai suoi occhi era un Adone. A occhi un filo più oggettivi un discreto roito, ma per carità, non tutti i gusti sono alla menta, ripeteva sempre mia nonna. «Lu, ma guarda, ha degli occhi bellissimi», e mi sventola sotto il naso il suo profilo Instagram. Belli son belli, sono anche azzurri, ma sono storti. «Dici che è strabico?» Ma no, non strabico, è che ne ha uno più su e l'altro più giù. Sembra il toro di *Guernica* di Picasso. Dovrebbe fare la convergenza come si fa alle ruote della macchina.

A volte dovrei mordermi la lingua, ma invece la lascio guizzare libera e imbizzarrita. Non riesco a tacere, è più forte di me. «Però ha un bel sorriso.» Fin troppo. Secondo me ha il doppio dei denti di una persona normale. Un piranha. «Ma che dici?» Contaglieli e vedrai. Ma comunque, cara Vane, l'aspetto non è tutto, come ti ho sempre detto l'importante è il ripieno...

Mi cade l'occhio sulle scarpe di lui. Sono mocassini di velluto con le nappine. Ripeto. Mocassini di velluto con le nappine che neanche Briatore. Vane, ma hai visto che scarpe ha? Ha i ciuffetti sulle scarpe. A ventun anni. Sei pazza? «Ma cosa c'entra!» ribatte lei. C'entra, c'entra, le nappine dovrebbero essere bandite dalla faccia della terra. Un editto cosmico dovrebbe annientarle. Persino Brad Pitt con le nappine avrebbe il sex appeal di un ratto. Ma lei non vede il problema. Ama tutto di lui, compresi i suoi mocassini a pantofola ciuffati. Io non ci dormo la notte. Lo choc di quelle scarpe mi ha turbato. Non posso pensare di avere un genero con dei piedi del genere.

Poi grazie al cielo la storia comincia a traballare, e io tiro un sospiro di sollievo. Ma l'umore dell'eroina dell'amore giustamente tracolla. E sono come sempre lacrime e stridor di denti. Un evergreen. Ma uno stratagemma per farla ridere quella volta l'ho scovato. Ho screenshottato una foto del suo prode cavaliere e poi l'ho tagliata dalle ginocchia in giù. Solo le scarpe. Così quando lei ricominciava col piagnisteo io le spedivo su WhatsApp la foto dei piedi del suo ex con tanto di nappinamento. Guarda che cosa ti sei persa. E lei accennava un sorriso. Stitico ma salvifico.

«Lu? Ti presento Juan.» Un altro? Non gli guardo la faccia ma i piedi. Ha delle normalissime Converse che in una vita precedente devono essere state bianche. Ora sono color blatta. Esulto. Faccio la ola. Da ferma.

13

«Lu? Pensavo di farmi un tatuaggio.» Sapevo che prima o poi il momento sarebbe arrivato, era solo questione di tempo. O piercing o tatuaggio. O entrambi. Lo spartiacque in cui incappano miriadi di genitori. Complicato dire di no, ma io come al solito lo dico. Caparbia. Un bel NO palatale che fa *clack*. «Tanto sono maggiorenne.» Fra tre giorni, Jordan. «Infatti ci vado venerdì.» Festeggi lì? Con gli aghi al posto delle candeline?
Non reagisce alla provocazione. Incalzo: E da chi vai? «Da Alfiodjbestia.» Che dal nome dovrebbe lavorare in radio, non martellare i pettorali. «Scusa, Davide ha i bicipiti inchiostrati fino alla spalla e io non posso?» muggisce. Non ho argomenti che possano mettermi in salvo da questo duello verbale, ma non mi arrendo. Ormai non è per niente originale farsi un tatuaggio, ce l'hanno tutti, dico. «Ma io non sono come tutti. Sono diverso. Sono diversamente Jordan.»
Gira sulle sue Superga e se ne va.
Già m'immagino draghi alati sulle scapole, carpe

che risalgono la spina dorsale, serpenti avvoltolati ai polpacci, cuori trafitti e minotauri cornuti che brandiscono asce all'attaccatura dello sterno.

Torna per cena. Lo scannerizzo in un decimo di secondo. Sembra tutto a posto. Si gira: alla base del collo ha una specie di codice a barre. Aspetta, no. Sono dei numeri, ma la mia possente miopia m'impedisce di distinguerli. Mi avvicino con fare sbadato. Ci sono tre date: 19/11/1994 29/10/1964 19/12/1962. Sono tre date di nascita: quella di Vanessa, la mia e quella di Davide. «Siete la mia famiglia, così vi porto sempre con me, altro che Dna.»

Mi si scioglie il cuore. Lo puoi mangiare col cucchiaino.

Il bucero bicorne è un bellissimo uccello tamarro che vive in Asia meridionale. Misura circa 1 metro di lunghezza, ha un'apertura alare di 1,5 metri e un caratteristico casco giallo che sovrasta il becco. Ma la sua prerogativa è assolutamente caratteriale: è una bestia gelosissima. Certo, chiamarsi bicorne la carica d'ansia fin dalla nascita.

Nel periodo della deposizione delle uova e della cova, il maschio mura letteralmente la femmina all'interno del nido, dentro la cavità di un albero, con fango, pezzetti di legno, rami e corteccia. Lascia soltanto una piccola fessura attraverso la quale introdurrà il cibo per mamma e pargolino (il bucero depone una o due uova, ma di solito solo una si schiude). La cosa strana è che la femmina non è

reclusa contro la sua volontà, tutt'altro. Gran parte dell'opera di muratura è svolta proprio da lei, che lavora il materiale dall'interno e aiuta il maschio a sigillare la cavità. Cavità in cui resterà segregata per un periodo lunghissimo: 4 mesi! Una clausura. In questo lasso di tempo in cui depone l'uovo, lo cova e inizia lo svezzamento del piccolo, dipende completamente dal maschio, che le porta da mangiare 4 o 5 volte al giorno. Piccoli frutti oppure cibo masticato e rigurgitato. *Slurp*.
Ovviamente, il bucero è un animale monogamo e il rapporto di coppia è molto stretto. Insieme per tutta la vita, nella buona e nella cattiva sorte, finché morte non li separi. Pensa solo che inferno.
Una volta passati i 4 mesi, la femmina rompe la barriera ed esce dal nido, ma lascia il suo piccolo ancora all'interno per un paio di settimane, durante le quali si dedica insieme al maschio alla ricerca del cibo e al nutrimento del giovane bucero. Quando il piccolo riemerge dal nido e inizia la sua vita indipendente, la coppia si prende un po' di meritato riposo prima di cercare un nuovo nido in vista di una nuova stagione riproduttiva. Una famiglia bucera tradizionale.

Jo e Vane hanno entrambi il termostato sbiellato. La loro temperatura interna non ha nessun rapporto con l'esterno, non indossano mai vestiti adeguati alla stagione. Nevicata epocale? Ottima occasione per uscire in T-shirt. Caldo africano con temperature che sfiorano i 40 gradi? Felpetta con cappuccio che così mi riparo dal sole. A Natale lui vagola per casa a torso nudo e infradito, a Ferragosto lei griglia con il pile con su scritto «Saluti da Cogne». Va bene che non ci sono più le mezze stagioni, ma per loro non ci sono neppure quelle intere, il che ha anche un risvolto positivo: non devo più fare il cambio dell'armadio. Possono convivere in discreta armonia piumini e bikini, bermuda e dolcevita. Il cambio dell'armadio si fa solo nel senso letterale del termine. Per sostituirlo con uno più grande. Il cambio dell'armadio si fa direttamente all'Ikea.

Sono una donna disordinata, questo è. Ho l'anima che sbanda, che ha le scarpe sempre slacciate, per questo cado. Fatico a stabilire confini, maneggio il presente sempre con troppa foga e troppa pancia. «Devi pensare più a te stessa» mi dicono. Ma il mio me è fatto di te, di te e anche di tè. Meno male che la teina aiuta in casi di grave calo emotivo. È la complicazione che si porta dietro l'essere una seconda madre. Vuoi non solo fare meglio della prima, ma essere il meglio dei megli. Senti uno spasmo continuo, un bisogno esasperato di fare bene, di superarti, di migliorarti, di mettere tutta l'energia possibile per sfornare amore, e così a volte crei una vicinanza ai figli pericolosa ed esagerata. Generando un sentimento assai prossimo allo sfinimento.

Mi viene da pensare alle madri adottive che hanno per anni rincorso il loro figlio lontano, lo hanno sognato, aspettato, immaginato, e poi accolto, scaldato, nutrito, coccolato, baciato. Hanno attinto a un pozzo d'amore senza fine. Troppo. Mammizzandomi ho compreso che la distanza di sicurezza, come stabilisce il codice della strada, è salutare e protettiva anche nei rapporti affettivi. Viaggiamo insieme, io e te, e per lungo tempo percorreremo la stessa strada, ma mantengo un po' di distanza per non rischiare di andare a sbattere alla prima frenata, perché poi ci facciamo male entrambi.

Penso alle nostre madri. Quelle della nostra generazione non erano così presenti. Amorevoli, certo, ma mantenevano una sana distanza. Le nostre maman non sapevano proprio tutto tutto tutto di noi, e quel mistero ci faceva crescere. La presenza ossessiva non aiuta l'emancipazione e soprattutto nell'adolescenza, che per tutti i figli è tempo di maremoti, infiamma le relazioni. I ragazzi non riescono a comprendere il nostro bisogno di proteggerli, percepiscono solo il controllo. Sentono che gli alitiamo sul collo. Così si crea una spirale pericolosa perché più controlli più metti a disagio, più metti a disagio più scateni la rabbia, e soprattutto scopri ciò che è meglio non scoprire. «Fatti una vita» ti dicono. Ma sei tu la mia vita.

Eh no. È lì che si sbaglia. Anche quando si tratta di una scelta assoluta come l'affido o l'adozione, la propria vita un po' bisogna conservarsela. Per rispetto di se stessi, soprattutto. Non è disamore, riservarsi uno spazio per sé. Non c'è colpa nel vivere. Sembra così scontato, e invece non lo è affatto.

Le ragne allattano. Pur non essendo mammiferi. Pur non avendo le tette. Non tutte, però. Soltanto quelle della specie *Toxeus magnus*, ragno saltatore. Le femmine saltatrici infatti secernono una sostanza bianca e lattiginosa che viene chiamata «latte di ragno», ottenuto forse dalle uova non fecondate rimaste nel ventre materno. I piccoli si nutrono di quello, poppando con vigore. E dopo 20 giorni di questa cura superproteica e vitaminica (più del latte vaccino), i ragnetti sono in grado di procurarsi insetti da pappare. Ma mentre pappano, poppano. Uno svezzamento molto simile a quello umano.

Anche la ragna *Pisaura mirabilis* è una madre laboriosa e attenta, e in più molto portata per il bricolage. Per proteggere la sua prole, infatti, costruisce un bozzolo idrorepellente in cui racchiude le sue uova (centinaia, di solito), poi lo appende a un ramo e gli piazza attorno una specie di tenda impermeabile, tipo tessuto tecnico di Decathlon, che usa da nido-rifugio anche dopo la schiusa. Per questo in inglese è conosciuta come *nursery web spider*, che si può più o meno tradurre con «ragno che costruisce una cameretta strafiga per i suoi figli». Ultimata questa operazione di design, si posiziona nei pressi del *kindergarten* e fa la guardia.

Ma la *Pisaura mirabilis* non è solo un mito come madre, pure come femmina tout court... d'altra parte, se le hanno appioppato l'aggettivo *mirabilis* un motivo ci sarà. Miss Aracnide infatti non si accontenta dei soliti rituali di accoppiamento, non le basta il corteggiamento fuffa. Lei vuole i fatti. Il maschio deve bussare coi piedi, come dicono a Roma, cioè arrivare con le zampe piene. Per sedurla deve portarle un regalo. Ma tipo? Un diamante che è per sempre? No, un insetto, che è per poco, giusto il tempo di mandarlo giù. Impacchettato in un bozzolo di seta, *please*.

I maschi che portano un *cadeau* alla femmina hanno il 90 per cento di possibilità di accoppiarsi, quelli che arrivano a zampe vuote solo il 40 per cento. Perché la natura pensa a tutto.

Mentre la femmina è occupata a trangugiarsi il bonbon, il maschio si dà da fare con la copula. Tanto più grande sarà l'insetto regalo, tanto più lungo sarà l'accoppiamento, con la possibilità di trasferire una maggior quantità di sperma.

Ma i maschi son maschi anche da ragni. Capita che lui faccia il furbo e che il pacco donato sia un vero pacco. Tipo: «Questo splendido cammeo d'avorio è per te, amore. Era di mia nonna», e invece nel pacchetto ci sono solo brandelli di foglie marce, spine di rovo o grumi di terra. In questo caso, deve sbrigarsi a consumare in fretta, prima che la femmina termini di spacchettare il regalo e si accorga della fregatura.

Ma magari finisse qui. Il maschio può essere ancora più stronzo. Può portare in effetti un succulento insetto come regalo, però sbrigare la pratica in un lampo apposta per rimpossessarsi del regalo non ancora ingurgitato e correre a darlo a un'altra femmina da sedurre.

Non che le femmine siano da meno. Può succedere che Madama Ragna, dopo aver ringraziato Mr. Ragno, avergli fatto gli occhi dolci e avergli detto «Aspettami, caro, vado a mettermi qualcosa di più comodo», abbranchi il pacchetto e se la dia a zampe levate. Alcuni esemplari maschi, dicono gli studiosi, legano addirittura il pacchetto con un filo di ragnatela e lo usano a mo' di guinzaglio per evitare che la femmina li freghi.

Ultima curiosità: se il ragno femmina ha avuto rapporti con più maschi, cosa abbastanza normale, è in grado di scegliere quale sperma utilizzare a seconda della qualità del regalo ricevuto. L'equazione è semplice: regalo più grande e più gustoso, partner molto sveglio, ergo miglior corredo genetico da passare alla prole.

I miei figli viaggiano sempre ad alta velocità. Sono come la Torino-Lione. È complicato farli ragionare. Più poni loro dei dubbi, più diventano reattivi. E quindi il costo energetico che richiedono è altissimo. E anche le scommesse che ingaggiano sono ad alto tasso di fallimento. Non sempre è necessario aver chiara la *final destination* ma almeno la direzione sì, ripeto allo sfinimento, un briciolo di percorso tocca studiarlo. Niente. Loro si buttano. Partono lancia in resta, degli emuli di Don Chisciotte. Ma purtroppo la loro pila si scarica in fretta. I miei figli sono come quei meravigliosi aspirapolvere di ultima generazione che i primi quaranta minuti hanno la potenza del tunnel dei neutrini del CERN, se non fai attenzione non solo ti aspirano i peli del gatto, ti risucchiano il gatto al completo, poi però si scaricano. Entrano nel mood Cenerentola e allo scoccare dell'ora X, *clic*, si spengono. Così. Di colpo. I miei pargoli uguale. Durano poco. Iniziano i progetti con entusiasmo misto a furia, un'energia travolgente che mi fa dire: dai che questa volta ci siamo. Ma dopo pochissimo si rompono le balle. L'obiettivo deve realizzarsi in fretta se no ciao. Gli ostacoli non sono contemplati. Un cammino però è fatto d'intralci, d'intoppi, è una chimera immaginare che si parta dal punto A e si arrivi al punto B percorrendo una strada in piano. Come puoi pensare di non inciampare mai? Le salite sono ardue per tutti. I sentieri di montagna sono tortuosi, non percorri un rettilineo per conquistarti la cima. E poi ci sono le soste, le deviazioni, le salite facili e i dirupi. Per loro non è così, ogni scoglio è un trauma. Basta poco per smontarli, vedono subito comparire il fantasma del fallimento. Come se avessero già avuto la loro razione di male e non volessero più farci i conti. A posto così. L'hashtag di Jordan è #tantormai. «Tanto ormai è andata così. Tanto ormai non c'è più niente da fare. Tanto ormai è tardi. Tanto ormai è inutile...» che detto da un ventitreenne fa persino un po' paura. Ma è un alibi, una difesa, un modo di proteggersi. «Non è colpa mia, è il solito destino nefasto che pende sulla mia testa. Sono votato alla sfiga, devo rassegnarmi. Sono nato tondo, non posso morire quadrato.» Che cazzata. Sei nato tondo? Benissimo. Col tempo diventerai ovale, poi un triangolo isoscele, di colpo magari un trapezio o un cilindro. Forse non morirai quadrato ma magari a forma di rombo come un aquilone. La vita ci trasforma, ci sorprende, ribalta le nostre certezze, ci riempie di regali inaspettati e ci infligge dei castighi che non pensiamo di meritare. E più siamo elastici più riusciamo a adattarci e a cambiare forma senza mutare sostanza. «La vita è corta ma è larga» dicevano le Ya-Ya sisters. Era uno dei loro sublimi segreti. Ogni tanto me lo ripeto. In questa vita dalla vita larga ci puoi far stare dentro un sacco di roba, è il suo bello.

14

Adoro le arachidi. Ne mangerei a vagonate, il *crat* del guscio ha un che di aggressivo che mi regala potenza. Pure spogliarle, levare quella pellicina marron e lasciarle lì nude e abbronzate è un rituale che mi galvanizza. Ho letto che le arachidi sono uno degli ingredienti della dinamite. Arachidi, farina fossile e nitroglicerina. Forse è per quello che spesso esplodo.
«Vedi? È tutta colpa tua.» I quarantacinque muscoli facciali di Vanessa si attivano tutti insieme, generando un sorriso maledetto. Temo sia parecchio incazzata. «Ti ho dato retta, non ho preso la macchina e ora guarda.» Mi mostra i suoi piedi nudi piagati di bolle. «Non sono manco vesciche, sono materassi ad acqua.» Lo credo, ti issi su dieci centimetri di zeppe, ringrazia il cielo che hai ancora le caviglie intatte. «Ma che vuol dire? La colpa è tua che mi hai fatto camminare per cinque chilometri. Se avessi preso l'auto avrei i piedi intonsi.» Potevi farti due fermate di tram.
Gli occhi le si fanno piccoli piccoli, grani di pepe

della Giamaica. Potesse mi ingoierebbe dalla testa come fa la mantide religiosa col fidanzato. Do un ultimo sguardo alle sue estremità martoriate, lunghe come due patate americane, che tra l'altro, nonostante le bolle, mantengono un robusto afrore non proprio da mazzo di fresie. Abbandono le arachidi e vado a rovistare nell'armadietto delle medicine alla ricerca dei cerotti in silicone che nel paniere Istat della mia famiglia sono sempre ai primi posti.
Ma va così. Io possiedo un portfolio di colpe che se dovessi scontarle tutte non mi basterebbero tre ergastoli. È il peccato originale delle madri. È sempre colpa nostra, per tutto. Se il parrucchiere ha sbagliato shatush, se il fidanzato è un cretino, se il prof di fisica ha fatto la verifica a sorpresa, se il tuo amico del cuore ti ha fregato la tipa e se non è arrivato Gesù bambino a portarti la Play nonostante tu abbia vent'anni suonati. Persino se spaccano un bicchiere è colpa mia, perché ho comprato dei bicchieri di merda. «Guarda che brufoli! E certo, ieri hai cucinato le patate al forno.» E quindi? «Lo sai che i tuberi arrosto mi fanno effetto eruzione. Toccami la fronte, sono tutta brufolinata, potrei essere letta in braille.» Il fatto che si sia strafogata di dobloni di cioccolato, avanzo della calza della befana, non è contemplato.
Non che l'altro brontolosauro sia meglio. «Non trovo più la mia carta d'identità. Dove l'hai messa?» Io? Cosa vuoi che ne sappia della tua carta d'identità. «Be', era qui sul tavolo. L'ho appoggiata una settimana fa e ora è sparita.» Ma lo sai dolcezza quante cose succedono in sette giorni sul nostro tavolo? Mi ronza intorno col fastidio del tafano. «Eppure

era e-sat-ta-men-te (scandisce l'avverbio) qui, mi ricordo che ti ho anche detto: metto q-u-i (riscandisce l'avverbio) il mio documento, non toccarlo, mi raccomando.» Addirittura. O sono affetta da demenza fulminante o lui si sta inventando tutto. Non mi scompongo, sono una natura morta. Jordan ha perso la carta d'identità almeno cinque volte. La patente ben quattro, e guida da cinque anni. Un pirla praticante. Per dire lo squinterno: si ricorda tutto e contemporaneamente perde tutto. Da farci uno studio di alta psichiatria.

Ci sono giorni in cui i miei figli mi fanno sentire così tanto in colpa che ci riescono. Sta a vedere che hanno ragione, rimugino tra me e me. Ma non credo di essere la sola in questa valle di lacrime. Se inventassero un bidone per la raccolta differenziata delle madri colpevoli sarebbe sempre pieno fino all'orlo.

Ancora una postilla. Se il destino, a te madre, fa il regalo di avere a tua volta una madre, magari già di una certa età, assisterai a un fenomeno che ha del paranormale. Oltre ai figli ti farà sentire in colpa anche tua madre. Per motivi ignoti additerà te come colpevole massima delle sue magagne. Quindi colpevole in stereo. Colpevole in dolby surround. Top.

Jordan non regge l'alcol ma ogni tanto se lo scorda. Io invece no. Ho tatuato nella memoria almeno un poker di sue sbronze da Nobel dello schifo. E la cosa prodigiosa è che al risveglio non ha la più pallida idea di cosa gli sia successo. Non si ricorda nulla. Ma niente di niente. Tabula rasa. E soprattutto si stupisce. «Come mai sono nudo?» Sei nudo, amore mio, perché sei arrivato in versione *Walking Dead*, e ho dovuto bonificarti da capo a piedi. Dirti che eri ributtante è farti un complimento. Ringrazia che ti ho fatto entrare in casa. «Ma ero sbronzo?» Ti dico solo che parlavi in aramaico. Poi sei crollato di faccia e ho dovuto controllare che respirassi ancora. C'è stata una volta che è tornato a casa alle 4 di mattina. Mi aveva avvertito che avrebbe dormito fuori e invece: *din don*. Ma chi è a quest'ora? «Sono Jo.» Jo??? Sali. Era gennaio. Fuori la neve. Una notte di tregenda. Lo vedo stagliarsi sul pianerottolo di casa coi capelli spiritati. Sembra appena sceso da una barca a vela con una giacca non di sua pertinenza e a piedi nudi. Mi scavalca e si butta sul mio letto biascicando ammassi di consonanti. Mi accerto che non sia sotto l'effetto di qualche schifezza: una zaffata di vodka mi centra le narici e mi rasserena. Ma le scarpe? «Eh, boh. Non so dove siano finite.» In una notte di neve fitta fitta è facile perdere le scarpe, succede a tutti... in fondo che te ne fai... E le chiavi di casa? «Eccole.» Le scruto. In effetti sono chiavi di casa ma non sono le nostre. Penso che da qualche parte dell'universo un'altra madre o un altro padre starà pensando: «Queste sono chiavi di casa ma non sono le nostre». Va bc', ascolta, vai a letto, ci penseremo domani. «Mi accompagni? Non mi sento tanto bene.» Ok.

Lo sorreggo come posso viste le mie dimensioni ridotte. Sbandiamo un paio di volte e poi lo lascio cadere sul materasso come corpo morto cade.

Gli metto una bacinella di fianco per precauzione e faccio bene.
La mattina assisto all'ennesima replica dello stesso spettacolo. «Ma io che ci faccio qui? Dovrei essere da Pedro a Moncalieri.» Già. «E il mio cellulare?» Volatilizzato. E le tue scarpe? E questa giacca? «Non è mia.» Non è tua, confermo. Avrai preso quella di un altro. «Ma minchia.» Mi levi le parole di bocca, tesoro. «E adesso?» Non voglio infierire. Lo prenderei a badilate con una pala da fornaio, ma gli esplode la testa e ho pietà di lui. Ha persino l'occhio sinistro semichiuso modello tenente Colombo. Adesso fatti un caffè. *Tic tic tic tic.* «Il gas non si accendeeeee.» Devi girare e schiacciare. Non è difficile, avendo la tua specie acquisito il pollice opponibile già da un pezzo. *Tic tic tic tic.* Niente. *Tic tic tic tic.* E *tic tic tic tic.* Mhhh... ho le fiamme negli occhi come i Coma_Cose a Sanremo. E *tic tic tic tic.* E *tic tic tic tic.* Non ti si chiede di accendere il fuoco con due pietre focaie, santo cielo. Basta premere e girare. *Tic tic tic tic.* Spostati, faccio io. *Tiiiiiiiiiiiic.* Il gas si accende. Per sfinimento. Deve avere un'anima pure lui, ha gettato la spugna. Tralascio il testo del cazziatone punteggiato dai suoi: «Eh, oh, ok, va be', e checcà». E il suo must: «Non è mica colpa mia!». No, ma fammi capire: è colpa mia? «No. È colpa dell'alcol.» Certo. E lui che ha perso il cellulare, le scarpe, la giacca e le chiavi di casa. Perfetto. Scovato il colpevole.
Prima di buttarsi sotto la doccia aggiunge: «Devo smettere di andare alle feste. Non mi diverto mai».
Sono in debito di ossigeno. Scendo un attimo al super. Vedo deragliare al banco salumi Clotilde, la madre di Walter. Si sta facendo affettare una bistecca

spessa come la suola di un anfibio. Sbranerà quella al posto del figlio. Mi parla a voce alta, ma se le sue parole fossero scritte sarebbero in Arial 18. È una polveriera. «Sai a che ora è arrivato stamattina? Alle 6.» Due ore dopo il mio, penso. Senza scarpe? domando. Mi guarda perplessa. «No, con le scarpe.» Uno a zero per te. «E sai che ha fatto? Non puoi capire. È venuto in camera da noi, ha aperto il cassetto del mio comodino e ci ha pisciato dentro. No, ma ti rendi conto? E non due gocce. Un torrente di montagna.» È la birra, puntualizzo. «Per fortuna Gilberto si era fatto una flûte di Minias e non ha sentito nulla, se no l'avrebbe scotennato, non sai che fine del mondo.» Per il diluvio universale eravate già a posto, bisbiglio. Dai, Clotilde, consolati. Siamo tutte nella stessa barca. Chi con le scarpe chi senza.

Mi guarda perplessa. Per lei il refrain delle scarpe rimane un mistero, ma è troppo prostrata per approfondire la questione. Mi sorride con gli occhi. Per un attimo sembra ritrovare i suoi assi cartesiani. Arraffo il mio pacchetto di bresaola e con costernazione suprema mi avvio verso casa e penso: Meno male che il mio comodino non ha i cassetti.

La bradipa, che grande saggia. La lentezza come approccio all'esistenza. Una vita alla velocità media di 200 metri all'ora. Tempo di digestione di una foglia? 30 giorni. Cacca? Una volta alla settimana. Tutto rallentato. È così flemmatica che le crescono alghe e funghi addosso, che però le consentono di mimetizzarsi tra le frasche, location dell'accoppiamento. Unica occasione in cui incontra un suo simile. E soprattutto unica volta in cui sbriga le pratiche molto velocemente. Un vero peccato. Dopo di che il maschio saluta e torna alla sua dorata solitudine, mentre lei, dopo circa 6 mesi di gestazione, dà alla luce un cucciolo. Particolare non da poco: i maschi tendono a vivere tutta la loro vita sullo stesso albero o su pochi alberi vicini. Ergo la madre saprebbe dove trovarlo, il padre, ma non ci pensa nemmenissimo. Che se ne stia ad ammuffire lontano da lei.

Dopo aver partorito, la bradipessa allatta il rampollo per circa 6 mesi, gli insegna i primi rudimenti della vita fra i rami e poi se ne va, lasciandogli l'albero sul quale è cresciuto e che, se è un maschio, verosimilmente abiterà per tutta la vita, o quasi. Ma capite la meraviglia? Non si tiene il bamboccione in casa per l'eternità. Se ne va lei. Grande stratega. La calma è davvero la virtù dei forti.

Prima o poi chiamo Real Time e propongo la camera di Vane per «Case da incubo». Non l'ho mai vista buttare via nulla, avesse una batteria di frigoriferi adeguata terrebbe anche la sua pipì in apposite ampolle perché *magari mi serve*. La sua camera si sviluppa a strati come una millefoglie. Fogli su fogli, libri su libri, quaderni su quaderni. Everest di paccottiglie che è un vero peccato buttare. Sulla sua scrivania giace una rosa secca smuflita donata da un suo spasimante millemila anni fa, alcuni baffi di Gigia riposti in una teca portareliquie, un cofanetto di braccialetti rotti, una stimabile collezione di *boules de neige* e una torre di Babele di «TuStyle» che con tutto il rispetto mi chiedo cosa minchia li tenga a fare. E poi i maledetti enormi peluches. Hai presente quando nei paraggi delle tangenziali spuntano quei venditori abusivi di pupazzi mostruosi, coniglioni giganteschi con gli occhi di Satana, orsi marsicani a dimensione naturale che tengono tra le mani pelose un cuore di panno con scritto *Ti amo* tutto storto? Che tu dici: ma chi è che compra 'ste cagate immonde? Ho la risposta: i fidanzati di Vanessa. Non se n'è salvato uno... Tutti hanno recato prima o poi in dono uno di quei trumoni spaventosi. Scempi del buon gusto. E lei li ha conservati tutti. Uno zoo di brutture diventate nel tempo habitat di acari che vivono beati nella morbidezza.

Se Marie Kondo, la guru giapponese del magico potere del riordino, varcasse la soglia di quella camera, crollerebbe infartuata. Se vuoi fare ordine devi buttare, alleggerire, separarti, dice la pregiatissima Marie. Tutte azioni che non hanno spazio nella mente della regina dell'accumulo. Non ci provare in sua assenza a ridurre il bordello, ne andrebbe della tua vita. Lei si accorge di tutto. Lei è Tokyo della *Casa di carta*. Anche spolverare diventa uno sport estremo, se non vai leggera come ali di libellula scassi tutto. Se sono diventata testimonial dello Swiffer un motivo ci sarà.

Lui esattamente il contrario. Ogni tanto, in preda a una furia iconoclasta, ribalta gli armadi e butta. Butta tutto. Soprattutto quello che serve. Come se per fare ordine nel casino che ha dentro dovesse comin-

ciare da fuori. Sono convinta che prima o poi butterà anche il letto. «Tanto non mi serve, posso tranquillamente dormire per terra.» Oppure la finestra: «Via, è inutile. Mi piace l'aria fresca dell'alba e posso vedere meglio le stelle la sera». Via i ricordi, via le foto, via i pezzetti di vita passata rinchiusi nei cassetti. Lui fa a meno. Farebbe volentieri a meno anche di se stesso, tanto non si sopporta.
Io aspetto che passi il tornado e recupero i relitti. Quelli che hanno fatto la sua storia. Li rimetto al loro posto. Lui, a differenza di Vane, non se ne accorge. Oppure sì. E mi ringrazia. A bocca chiusa.

Jordan butta, Vanessa tiene. Vanessa dorme, Jordan veglia. Vanessa rimane, Jordan va via.

Ci sono due espressioni figliali che quando varcano la soglia delle mie orecchie scatenano tutti gli allarmi e gli antifurti del cuore: FIDATI e ANDRÀ TUTTO BENE.
L'imperativo FIDATI! con tanto di punto esclamativo, soprattutto se pronunciato da Jordan, è garanzia assoluta di fregatura imminente. Con un «Fidati che ho studiato» il 4 è assicurato. Con un «Fidati che non bevo» la sbronza i bookmakers te la danno 100 a 1. Ma può piombarti addosso anche un bel «Fidati che a Mykonos faccio solo vita da spiaggia». O anche un «Fidati che i soldi di Natale stavolta li metto da parte». Han lasciato un bel ricordo pure i «Fidati che dove vado sugli scogli io il catrame non c'è», e

poi arriva coi piedi neri come le zampe di un cormorano, o il classico «Fidati che non passo tutto il pomeriggio a giocare alla Play», e poi le spie m'inviano il reportage completo del mentitore sprofondato ore e ore sul divano.
I «Fidati» di Vane sono un pelino meno temibili, ma mai portatori di liete novelle. «Il serbatoio è quasi pieno. Fidati.» E poi arriviamo arrancando al distributore. «Se faccio tardi ti mando un messaggio. Fidati.» Poi si fanno le 2 e il cellulare purtroppissimo era scarico.
L'ANDRÀ TUTTO BENE è persino più pernicioso. In base a che cosa mi dici che andrà tutto bene? Da quando sei in grado di predire il futuro? Hai doti profetiche? Sei veggente? Paragnosta? Pensi che con un «Andrà tutto bene» buttato lì senza rete mi si spalanchino tutti i chakra? Che abbia il Black Friday dei chakra? Vi deludo, *amigos*. L'esatto contrario. Con la combo di «Fidati» e «Andrà tutto bene» tocco tutto il ferro che trovo nei paraggi e parto con gli scongiuri.

Due lacrime, a volte, come due gocce di Chanel, risolvono. Se non tutto, parecchio.

Credo che Vane mi consideri già avviata verso la desolata landa della demenza senile. Le mie leggere scordanze, frutto di accumuli d'informazioni che non riesco a comprimere tutte in capa, per lei ne sono la riprova. E il «Ma te l'ho detto» puntella ogni mia caduta dal pero. Senti, burro, magari me l'hai detto mentre ero in call con la redazione, rispondevo alla chat dei cugini o tentavo di frenare le paranoie della nonna con la lavatrice guasta. «E quindi?» E quindi i neuroni disponibili non hanno assimilato.

Non capisco come mai a noi genitori sia richiesta un'attenzione assoluta a ogni loro istanza e quando si tratta di avvertire che non ci saranno a cena lo bisbigliano da una camera all'altra. Noi dobbiamo fermare ogni attività, scendere dalla ruota, ascoltarli con devozione e guardarli fisso negli occhi se no scatta immediato: «Eh però se non mi caghi...». Ma come? Sto guidando, devo guardare la strada non te. «Non è che stai diventando sorda?» Sto sviluppando consciamente l'udito selettivo. Il timpano rimbalza da solo le rotture di maroni. Ha deciso in autonomia di fare da bodyguard al mio sistema nervoso.

Se va avanti così Vane mi manderà prestissimo in ospizio. Mi farà sprofondare su una vecchia poltrona di velluto a coste, mi metterà una bambolina col vestito di tulle tra le braccia e mi sussurrerà: «Dai un bacino a Mirtilla. Starai benissimo qui, Lu. Che fortunata, come ti invidio».

Jordan col tempo ha coltivato un'arte raffinatissima: l'omissione. È *grand maître d'omission*. Da piccolo costruiva impalcature di bugie con certosina precisio-

ne, poi crescendo ha valutato che fosse meno rischioso e a impatto zero omettere. Sorvolare. Evitare di dire. Ora, non si sa per quale motivo, ogni tanto mi svela delle perle. E le epifanie non richieste iniziano tutte con un: «Tu, Lu, sai solo la metà della metà di quello che io ho combinato da piccolo». Ne sono perfettamente conscia, caro mio.
«Ti ricordi quando in prima liceo volevo il motorino e tu mi hai sempre detto di no e no e no?» Incosciente come sei ti mancava solo il motorino. «Be', me lo sono comprato da me.» Mi fischiano le orecchie come quando il microfono va in Larsen. «Era mezzo sgangherato, me l'ha venduto un mio amico.» Vorrei chiedergli della targa e della voltura, ma sento che mi addentrerei in un terreno troppo minato per le mie coronarie. «Lo tenevo posteggiato in una traversa dietro casa e la mattina lo prendevo per andare a scuola. E tu non ti sei mai accorta di niente.» Spalanca un sorriso orgoglioso come a dire: Che ganzo che ero e che sono. E poi? «Poi ho notato alcune mamme che mi fissavano all'uscita da scuola e ho temuto che facessero la spia e quindi sono tornato a prendere l'autobus. Lo usavo solo per uscire con gli amici. Vuoi sapere com'è finita?» Penso no ma dico sì. «Me l'hanno rubato.» Ecco, ti sta bene. Per una volta il destino mi ha dato una mano.

«Sai quando eri sul set a girare *Fuoriclasse* e Oscar si è trasferito da noi?» Come dimenticarlo. «Non facevamo i compiti.» Ma va? «Passavamo i pomeriggi a fare la gara di gavettoni.» Sorrido con tenerezza... Ah, i giochi innocui dell'adolescenza. «... alla gente alla fermata del tram.»

Mi sale dell'amaro in bocca, dev'essere bile. Quasi non riesco a proferire parola.
Ma in che senso? «In verticale, chiaramente.» Non intendevo in QUEL senso. «Facevamo i gavettoni dal terrazzo. Un volo dal terzo piano. Chi centrava il bersaglio faceva punto. Tanto era estate, un caldo assurdo, secondo me la gente era persino contenta.» Certo, faceva la ola. Essere colpiti da un palloncino pieno d'acqua alla fermata del pullman è il sogno di ogni pomeriggio di mezza estate. Ora mi spiego perché alla pensilina stavano sempre con il naso all'insù. Mica per capire dove abitassi, per evitarsi le bombe d'acqua.

Vi sblocco un ricordo. Un luglio di lavoro a Torino. Vane al WWF a salvare le tartarughe sulla spiaggia di Siculiana Marina. Jordan da solo a casa, tanto è grande, ormai è autonomo, c'è anche Modesta a vigilare, sono in una botte di ferro. Vado sul set a piedi tutte le mattine. L'auto la lascio posteggiata sotto casa. Al ritorno me la ritrovo dall'altro lato della strada. Miseria se son fusa, penso. Avrei giurato che fosse qui. Vado a far benzina, è quasi in riserva, strano, forse con 'sto caldo la benzina evapora.

Il giorno dopo stessa solfa. Ho posteggiato sulle strisce??? Ma allora sono scema persa. Devo dire al regista di ridurre gli straordinari, non ci sto più con la testa. Tra l'altro mi si sono anche accorciate le gambe. Ho come la sensazione che il sedile sia più distante. Vai a capire i fenomeni della fisica.

Terzo giorno. La macchina è esattamente dove l'ho parcheggiata ieri. *Fiuuu*... Stavolta sono un po' meno stordita. Ma lo specchietto è sghembo, non vorrei si stesse scollando. Mi cade l'occhio sul tappetino. Svettano due bellissime infradito hawaiane. Sono quelle di Jordan. Errore fatale. L'indizio che lo inchioda. Salgo in casa con la furia di un'Erinni. Sono una molotov, una Glock senza sicura. San Giorgio che ammazza il drago e Nerone pronto ad appiccare il fuoco riparatore. Lo pesto, lo trito, ne faccio poltiglia. Questa volta non ha scampo, lo mando a raccogliere pomodori San Marzano, giuro. *Tin!* Lui sente accendersi la spia che avverte che si sta entrando in una turbolenza e allaccia una metaforica cintura di sicurezza. «Non capisco perché ti scaldi tanto, scialla... la tua macchina è automatica, posso guidarla anch'io.» No! Perché hai diciassette anni: latro così forte che tremano le fondamenta. «Appunto. Fra un anno prendo la patente. E guido meglio di te.» Che tracotante. Ogni fibra del mio corpo sta andando in frantumi. Sono senza filtri. Avessi una pialla lo piallerei. A ripensarci, il cuore mi batte ancora all'impazzata, non so se si sente. Sciagurato incosciente! Cos'è? Ti puzza la vita?

«Son ragazzi» mi ha detto il padre del compagnuzzo di rally quando al telefono, con un pH acido senza precedenti, l'ho reso edotto dell'accaduto. «Lo abbiamo fatto tutti.» Ma basta con 'sto lo abbiamo fatto tutti! Ma tutti chi? Chi? Chiiiiiiiii???

«Lu?» Eh. «Lu?» Mh. «Ti faccio un caffè?» No, grazie, con l'isteria sono a posto. «Facciamo pace?» Combatto una guerra muta. «Comunque devi controllare la frizione perché secondo me ha qualche problema.» Mi giro di scatto e uno strappo intercostale mi fulmina. La frizione la macchina automatica non ce l'ha, cretino.

ATTENZIONE: MESSAGGIO SOCIALE

Considerando che
Jo e Vane sono valorosi collezionisti di multe,
causa
sbadataggini, lievissime smagliature del codice della strada, soste in luoghi improbabili e zone blu che compaiono all'improvviso a loro insaputa,
visto che
con le contravvenzioni comminate ai miei due piloti di Formula Uno sto mantenendo da anni, con tenacia e perseveranza, il comune di Torino, quello di Milano, svariate municipalités francesi e un mucchio di ciudad catalane e andaluse,
alla luce
delle entrate costanti che mensilmente rimpinguano le suddette casse comunali,
esigo,
senza se e senza ma, *sans si ni mais*, e *sin peros*,
la medaglia al valor civile, la legion d'onore e il nastro dell'Orden Civil de la Solidaridad Social.

Viva l'Europa unita. *Vive l'Europe unie. Larga vida a Europa unida.*

15

È Marco Balzano nel suo ultimo romanzo, *Quando tornerò*, che centra il punto e scrive un distillato di verità sul rapporto madre-figlia. Le due donne sono a cena, in casa. La madre è appena ritornata dall'Italia, dove lavorava come badante, e la figlia ancora non l'ha perdonata per averla lasciata crescere da sola in una lontananza non solo geografica. Si dicono poco. Poi la figlia rompe il silenzio e riporta alla madre le parole pronunciate dal suo fidanzato per consolarla: «Sai una cosa? Una volta Radu mi ha detto: se non capisci tua madre è perché lei ti ha permesso di diventare una donna diversa».
Proprio così. In due righe c'è davvero tutto. L'amore vero di una madre è quello che lascia diventare i figli quello che sono.

I miei figli non mi hanno mai chiamata mamma. Pensavo che col tempo sarebbe successo ma mi sbagliavo. Dicono che non possono chiamare mamma due persone. La mamma è quella là ed è un ricordo pieno di tormento. «Questa parola, per te così bella, per noi è una ferita, noi l'abbiamo sprecata, è una parola morta» mi dice con distacco Vanessa, come fa lei con le cose che la fanno soffrire, e il suo è un allontanamento non solo verbale, proprio fisico. Quando me lo spiega è come se lo sottolineasse anche con le braccia, le allunga davanti a sé, come dire «Vade retro, fuori dal mio perimetro, distanziamento *please*». Be', incalzo io, però si potrebbe fare come si fa coi cellulari rotti. Si rigenerano. Prendi la parola, le restituisci il suo bel significato e la fai diventare come nuova.

Silenzio. L'utente chiamato non è al momento raggiungibile, la invitiamo a riprovare più tardi.

E quindi io chi sarei? le chiedo.

«Tu sei Lu.»

Bon. Una sillaba, due lettere. Lu, se lo senti da lontano, fa l'effetto verso di lupo. Lu, Lu, Lu. Sempre col punto esclamativo. Lu qui, Lu là.

«Diciamo che tu sei la supplente...»

Avverto una piccola frana nel cuore e le gambe mi si fanno di gommapiuma. Ribatto: Però la supplente dopo un po', se supera il concorso, passa di ruolo e diventa titolare di cattedra. Ho un curriculum da madre di tutto rispetto ormai.

Si induriscono: «Non insistere, non è per cattiveria ma non ci viene», «Se vuoi possiamo fare come Veronica, che i genitori affidatari invece di mamma e papà li chiama Maffi e Paffi, come i personaggi di un cartone della Disney». No Maffi no, ti prego, Maffi no. Al limite Muffin, che almeno evoca qualcosa di dolce. Preferisco Lu. «E poi è solo una parola, che ti frega.» Maneggio le parole di mestiere e so quanto siano preziose, quanto sia importante trattarle con rispetto e cura, quanto diano senso a tutto. «Ti fissi sui dettagli.» La vita è fatta di dettagli. Faccio la mamma da quattordici anni e non ho ancora il diritto di essere chiamata così. Non è un dettaglio. «Ma non è per cattiveria.» Ho assimilato il concetto. Se in questo momento mi facessero interpretare le macchie di Rorschach vedrei solo mostri, ragni pelosi e creature degli abissi.

Suonano alla porta. È Giulia. Le amiche di Vanessa si chiamano tutte Giulia, non ti puoi sbagliare.
«Ciao Giulia. Ti presento mia mamma.»
Piacere, Giulia numero 47.
«Lu! Dove hai messo il guinzaglio di Mora?»
Quindi, riassumendo. Se nominano me in presenza di altri sono «mia mamma». Se nominano me in presenza solo di me sono Lu.
«Scusa Giulia ma mia mamma è stordita.»
Eh, ci credo. Vivici tu in questo sdoppiamento semantico costante.

Quando la pena e la fatica non mi danno tregua, quando il quotidiano mi mostra i denti e il fiato si fa corto, vado al Santuario della Consolata. Entro nel suo cuore sacro, mi siedo e faccio silenzio. Non so se sia pregare, quello. Chissà come fanno gli altri. Li guardo. Chiusi nel loro guscio fragile di dolore. Ripetono un mantra, recitano una preghiera a memoria, si rivolgono a qualcuno? Gli parlano? Lo implorano? Non lo so. Io taccio. Sto lì. Come se dicessi al padrone di casa: dicono che sai tutto, quindi è inutile che ti spieghi. Fai tu che sai. Sto qui per un po' se non ti spiace. Sono tanto stanca. Ti faccio compagnia e tu ne fai un po' a me. E in quel tempo lento rallentano i battiti. E i pensieri. E si drenano i dolori. Poi esco. Con l'anima più leggera. Perché so che, da qualche parte, qualcuno sta lavorando per me.

Ho letto che il futuro di un bambino, l'impianto della sua personalità, si gioca nei primi diciotto mesi di vita. Quel che viene dopo non è che una conseguenza di ciò che si è vissuto in quei mesi lì. È quello il tempo dei semi, dove si gettano le fondamenta, s'impara a parlare e a camminare, si assimila la sostanza vera all'amore; è il tempo degli abbracci, dei baci, delle coccole, delle carezze, delle ninne nanne, tutta linfa degli anni a venire. Se fino a un anno e mezzo nessuno si è dedicato a te, o lo ha fatto in maniera scostante e rabbiosa, nessun altro potrà compensare completamente quella mancanza. Tu bambino avrai sempre un buco, quel buco che si scava per costruire una casa, ma vuoto. Un buco che i nuovi genitori dovranno colmare. E non è facile. La vertigine del vuoto. Il precipizio. Si rischia di cadere da un momento all'altro. Tu madre, tu padre, devi avere un equilibrio pazzesco per sporgerti e tendere la mano. E tirare su. Ma quel buco non lo potrai mai riempire. Ciò che potrai fare è imparare a guardarlo senza paura, a conoscerlo e a riconoscerlo. Lo strapiombo, dove ogni tanto il tuo bimbo cadrà. A volte se non fai attenzione ci cadrai anche tu. «*Tente ai branch*» mi diceva mio nonno pescatore. Lo ripeteva anche mio padre quando partivo per andare chissà dove. Che voleva dire: tieniti ai rami. Attenta a non scivolare quando vai a pescare, scendi verso l'acqua ma aggrappati ai rami degli alberi che ti sostengano. Tocca avere rami resistenti a disposizione. Occhi vigili e passo audace ma molto molto prudente.

Niente. Non riesco a dormire manco questa notte. Abbranco un romanzo e mi ci perdo dentro. Per l'ennesima volta mi raccontano del *kintsugi*, nobile arte giapponese. Ormai ne parlano tutti. Bella storia, per carità. Tu metti insieme i pezzi di un oggetto rotto incollandoli con sottili colatine d'oro e l'oggetto risorge, riacquista bellezza e diventa prezioso.

La mia vecchia amica Ida non era giapponese, però era incauta e spaccava le cose con una ragguardevole frequenza. Anche lei metteva insieme i cocci ma, non avendo a disposizione oro colato, li incollava con l'Attak. Assai meno poetico. Ricordo quando ruppe una teiera di porcellana, regalo di nozze a cui era tanto affezionata. Spaccò il beccuccio urtandolo con un mestolo. Lo aggiustò come poté, purtroppo ne mancava un pezzo, giusto un briciolino di porcellana che però impediva ai bordi della frattura di combaciare. Ma lei non si arrese per niente e portò comunque a termine l'operazione. E la teiera tornò a fare il suo mestiere di mescitrice di tè. Spisciazzava un po' storto, certo, ma lei aveva imparato a inclinarla nel modo giusto per non fare troppi danni. Ecco. Con i miei figli ho fatto così. Ho imparato dalla vecchia Ida la nobile arte dell'incollo. Come lei non ho mai avuto oro a disposizione, solo una specie di colla fatta di sudore, fatica e tenacia. Oggettivamente i miei ragazzi sono rimasti un po' storti, forse qualche pezzo manca o è perduto per sempre, ma se li sai prendere per il verso giusto vanno alla grande. E poi le cose storte sono le più belle.

È risaputo che il polpo è una delle creature più intelligenti del regno animale. E le femmine hanno anche una dote in più: sono assai amorevoli, disposte a sacrificare la vita per i loro piccoli.

La cefalopodona, che arriva a pesare fino a 50 chili ed è lunga su per giù 4 metri, quindi un bestione, prima s'ingegna a scovare luoghi riparati, anfratti e fessure nascoste per evitare visite sgradite di predatori affamati, poi depone la sua smitragliata di uova, fino a 500.000, tutte appiccicate le une alle altre come piccoli grappoli d'uva. E a quel punto sta lì, di guardia, che a nessuno venga in mente di papparsi le uova come appetizer. E passa 5 lunghissimi mesi così, senza allontanarsi mai, neanche una nuotata al largo. Presidia la tana, la pulisce, la spazza, dondola dolcemente i tentacoli e accarezza le uova muovendo l'acqua per garantire sempre la giusta dose di ossigeno fresco. Soprattutto, impegnata com'è, non mangia. Mai. Infatti quando le uova si schiudono ed escono pimpanti briciolini di polpo, spesso le madri sono così tanto smagrite e stanche che non reggono la fatica e muoiono. Le mamme polpo ci insegnano cosa sia la cura. Loro. Così estreme, così tentacolari.

Qualche sera fa mi sono imbattuta in *Anna*, la serie di Ammaniti. Racconta di un mondo dove arriva un virus tremendo che uccide tutti gli adulti. Sopravvivono solo i bambini, che tra l'altro sono crudeli tale e quale ai grandi. I protagonisti sono Anna e il suo fratellino Astor.

La mamma, sapendo la fine che l'aspetta, prima di morire consegna alla figlia un quaderno in cui ha scritto le cose importanti che non vuole che dimentichino e che pensa possano aiutarli quando lei non ci sarà più. Robe semplici, per esempio di stare bene attenti a non mangiare cibo andato a male, e altre più serie.

Provo anch'io. Mentre scrivo la prima riga, penso che sarà un quaderno zeppo di cancellature e riscritture, correzioni e puntualizzazioni. Si cambia. Ci sono valori solidi che nulla è in grado di scalfire, e convinzioni che all'inizio ti sembravano superimportanti e poi col tempo ti appaiono davvero poca cosa.

Comincio.

Non pensare che il bene che fai tanto non serve. Anche il poco fa tanto.

La realtà è sempre molto complessa. Non esistono soluzioni facili.

Se avanza roba nel frigo non buttarla, fai le polpette.

Limita l'uso del pronome IO. Preferisci il NOI.

I cani e i gatti fanno bene al cuore.

Non posticipare il piacere. Coltiva l'anima con quello che ti rallegra.

Non restare mai senza un pezzo di cioccolata in casa.

Diffida di chi non ama Stanlio e Ollio.

Non sprecare l'acqua.

Aiuta sempre un amico che se la passa male.

Guarda dove metti i piedi.

Fai almeno una copia di tutte le chiavi.

Fermati, ogni tanto.

Porta sempre un libro con te.

Canta più che puoi.

Quando sei stanco concediti una *grasse matinée*.

Il successo è soltanto il participio passato di succedere. Per ciascuno è diverso.

L'oleandro è velenoso. Attenti. (Lo è anche la Stella di Natale.)

Sii onesto non solo nelle grandi cose, soprattutto in quelle piccole piccole.

Quando sei triste, esci e cammina.

Se vedi un parcheggio vuoto, anche se lontano, posteggia. Perché, stanne certo, non ce ne sarà uno più vicino a casa.

Scegliti gli amici, non i nemici.

Abbi cura della tua parte spirituale.

Ricorda: davanti alle tragedie di questo mondo non basta solo commuoversi, tocca anche muoversi (lo ripete sempre don Ciotti).

Se compri una cosa su internet, ricordatelo, non sarà mai mai mai come nella foto.

Sii gentile sempre.

Baccalà e stoccafisso sono lo stesso pesce, cioè il merluzzo.

Non farti mai amare fiaccamente.

Lagnati il meno possibile.

Respira.

Mozart è la terapia perfetta per scacciare le malinconie.

Lascia perdere gli aloni sui vetri, mamma non è mai riuscita a toglierli.

...

Il mestiere di madre è fatto di puntini di sospensione. Ci sono momenti in cui con i figli le parole sono inutili, perfino dannose. È quello il tempo dei tre puntini. I puntini sono il silenzio. Non quello che suggella la fine, al contrario, quello che sospende il giudizio. I nei sulla pelle della pagina bianca sono le parole che scegliamo di non dire. Le parole che non ti ho detto semplicemente perché non le ho trovate, amore mio. Sono i silenzi. Sono i sospiri. Quelli che ossigenano i pensieri incatramati. Il tempo che ci concediamo per capire. Nei tre puntini ci sta la possibilità di cambiare idea, per esempio. D'inventarsi nuovi codici. D'immaginarsi futuri che magari nelle parole stanno stretti. Sono le briciole di pane di Hänsel e Gretel, in qualche modo indicano una strada. Amo i puntini di sospensione perché aprono al possibile, diverso per ciascuno. Non hanno la pretesa di dire: finisce qui. Ti lasciano il futuro. Imprevedibile e inatteso.

Ringraziamenti

Il racconto di questo pezzo di vita non sarebbe mai uscito dal mio cuore e poi dalla mia penna senza il costante incoraggiamento di Beppe Caschetto e l'amorevole cura di Dalia Oggero.

Grazie a Nicola Ferrero, l'uomo senza approssimazione, prezioso ricercatore di bestie e bestiole, e grazie ad Alberto Gelsumini e Laura Cuppini per la loro presenza discreta.

Un ringraziamento speciale va a tutti quelli – e sono tanti e tanti – che hanno camminato al mio fianco in questi anni, sostenendomi e consolandomi a giorni alterni.

Grazie a Davide.

E grazie pure alla mia rotula, che polverizzandosi mi ha concesso di ripensare alla mia vita e di provare a scriverla.

Ah. E poi grazie a quei due.

Crediti

Sulla strada, di Francesco De Gregori © 2012 Serraglio Edizioni Musicali.

Mi fido di te, testo di Lorenzo Jovanotti Cherubini, musica di Lorenzo Jovanotti Cherubini e Riccardo Onori, Copyright © 2005 by Soleluna Ed. Mus. Srl / Universal Music Publishing Ricordi Srl. Tutti i diritti riservati per tutti i Paesi. Riprodotto per gentile concessione di Hal Leonard Europe Srl *obo* Universal Music Publishing Ricordi Srl.

L'amore è una cosa semplice, parole e musica di Tiziano Ferro, © Copyright 2011 by Nisa Srl – Milano / Pandar Italia Srl Latina, © Copyright 2016 by Nisa Srl – Milano / Pandar Italia Srl Latina / Sugarmusic S.p.A.

Ti sembra normale, © 2015 per gentile concessione di Linea Due Srl edizioni musicali. Autori: Francesco Gazzè, Francesco De Benedittis, Massimiliano Gazzè.

Sally, testo di Vasco Rossi, musica di Tullio Ferro e Vasco Rossi, Copyright © 1996 by EMI Music Publishing Italia Srl / Giamaica Srl / Star Srl. Tutti i diritti riservati per tutti i Paesi. Riprodotto per gentile concessione di Hal Leonard Europe Srl *obo* EMI Music Publishing Italia Srl.

'Nu jeans e 'na maglietta, testo di Nino D'Angelo, musica di Francesco De Paola, Augusto Visco, © 1982 by Warner Chappell Music Italiana Srl.

Strani amori, testo di Cheope, Marco Marati, Francesco Tanini, musica di Roberto Buti, Angelo Valsiglio, The Saifam Group Srl, Artemis Muziekuitgeverij B.V., Benvenuto di Bonizzoni R., Smilax Publishing, Universal Music Italia, Warner Chappell Music Italiana Srl.

Fiamme negli occhi, testo di Francesca Mesiano e Fausto Zanardelli, musica di Fabio Dalè, Carlo Frigerio e Fausto Zanardelli, Copyright © 2021 by Sony Music Publishing (Italy) Srl / Warner Chappell Music Italiana Srl / Asian Fake Srl. Tutti i diritti riservati per tutti i Paesi. Riprodotto per gentile concessione di Hal Leonard Europe Srl *obo* Sony Music Publishing (Italy) Srl (per la sua quota di controllo).

I sublimi segreti delle Ya-Ya sisters, © 2002 by Warner Bros.

La meglio gioventù, © 2003 by BiBi Film.

Ángeles Mastretta, *Il cielo dei leoni*, trad. it. Firenze, Giunti, 2004.

Chandra Candiani, *Questo immenso non sapere*, Torino, Einaudi, 2021.

L'Editore ha cercato con ogni mezzo tutti i titolari dei diritti dei testi delle canzoni. È ovviamente a piena disposizione per l'assolvimento di quanto occorra nei confronti dei titolari di eventuali diritti non chiariti.

Mondadori Libri S.p.A.

Questo volume è stato stampato
presso ELCOGRAF S.p.A.
Stabilimento - Cles (TN)

Stampato in Italia - Printed in Italy